GENÈVE

Zigarren

Die feinsten Zigarren der Welt

Fotos: Matthieu Prier

Delius Klasing Verlag

Inhalt

5 Vorwort

Salomón, Rodolfo und Pirámide
6 Cuaba Salomones
7 San Cristóbal de La Habana Murallas
8 Diplomáticos N° 2
9 H. Upmann N° 2
10 Montecristo N° 2
11 Partagás P2
12 San Cristóbal de La Habana La Punta
13 Vegas Robaina Únicos

Campana, Figurado und Exquisito
14 Bolívar Belicosos Finos
15 Romeo y Julieta Belicosos
16 Santa Damiana Torpedo
17 Cuaba Exclusivos

Gran Corona und Prominente
18 Hoyo de Monterrey Particulares Limitierte Serie
19 Montecristo »A«
20 Hoyo de Monterrey Double Coronas
21 Partagás Lusitanias
22 Punch Double Coronas
23 Ramón Allones Gigantes
24 Saint Luis Rey Double Coronas
25 Vegas Robaina Don Alejandro

Julieta und Churchill
26 Bolívar Coronas Gigantes Cabinet Selection
27 Cohiba Espléndidos
28 La Gloria Cubana Taínos

29 H. Upmann Sir Winston
30 Punch Churchills
31 El Rey del Mundo Taínos
32 Romeo y Julieta Churchills
33 Saint Luis Rey Churchills
34 San Cristóbal de La Habana El Morro
35 Montecristo Coronas Grandes

Cañonazo und Doble
36 Cohiba Siglo VI
37 Trinidad Robustos Extra

Corona Gorda
38 Cohiba Siglo IV
39 Hoyo de Monterrey Épicure N° 1
40 H. Upmann Magnum 46
41 Juan López Selección N° 1
42 Punch Royal Selection N° 11
43 Punch Punch-Punch
44 Rafael González Coronas Extra
45 El Rey del Mundo Gran Coronas
46 Saint Luis Rey Série A
47 San Cristóbal de La Habana La Fuerza

Edmundo und Hermoso N° 4
48 Montecristo Edmundos
49 H. Upmann Connoisseur N° 1
50 El Rey del Mundo Cabinet Selección Choix Suprême
51 Romeo y Julieta Exhibición N° 4 Cabinet Selección
52 Saint Luis Rey Regios

Robusto
53 Vega Fina Robustos
54 Bolívar Royal Coronas
55 Cohiba Robustos
56 Juan López Selección N° 2
57 Partagás Série D N° 4
58 Ramón Allones Specially Selected
59 Romeo y Julieta Short Churchills

Dalia
60 Cohiba Siglo V
61 La Gloria Cubana Médaille d'Or N° 2
62 Partagás 8-9-8 Verni

Cervantes
63 Bolívar Lonsdales
64 Partagás Lonsdales Cabinet Selection
65 Rafael González Lonsdales
66 Sancho Panza Molinos

Corona Grande und Corona
67 Cohiba Siglo III
68 La Gloria Cubana Sabrosos
69 Hoyo de Monterrey Le Hoyo des Dieux
70 Partagás Coronas Cabinet Selection
71 Romeo y Julieta Coronas
72 Sancho Panza Coronas
73 Vegas Robaina Familiares

Colonial, Petit Edmundo und Petit Robusto
74 Trinidad Coloniales
75 Montecristo Petit Edmundos
76 Hoyo de Monterrey Petit Robustos

Mareva und Almuerzo
77 Bolívar Petit Coronas Cabinet Selection
78 Cohiba Siglo II
79 Hoyo de Monterrey Le Hoyo du Prince
80 Partagás Petit Coronas Cabinet Selection
81 Por Larrañaga Petit Coronas Cabinet Selection
82 Punch Petit Coronas
83 Punch Royal Selection N° 12
84 Rafael González Petit Coronas

Rey und Minuto
85 Trinidad Reyes
86 Partagás Shorts
87 Ramón Allones Small Club Coronas
88 San Cristóbal de La Habana El Príncipe

Laguito N° 1
89 Cohiba Lanceros
90 Trinidad Fundadores

Delicado und Panetela Larga
91 La Gloria Cubana Médaille d'Or N° 1
92 La Gloria Cubana Médaille d'Or N° 3
93 Rafael González Slenderellas

95 Register
96 Danksagung

Für meinen Vater, von dem ich die Passion geerbt habe.

Vorwort

Es ist eine unlösbare Aufgabe, die besten Zigarren der Welt auch nur annähernd darstellen zu wollen. Wenn man es trotzdem versucht, fallen einem die Evolutionen, Veränderungen und Mutationen in der Welt der Zigarren auf, aber auch die ewigen Wahrheiten. Jedes Jahr, fast jeder Tag, bringt Neuerungen mit sich, aber die großen Klassiker bleiben groß, ihre herausragende Qualität bestätigt ihren dauerhaften Ehrenplatz.

Aber wenn man schon auswählen muss, stellt sich die Frage – wie? Alle in diesem Buch vorgestellten Zigarren kommen aus unseren Reifungsräumen. Sie wurden also unter idealen Bedingungen gelagert, um ihr ganzes Potenzial entwickeln zu können. Wir haben uns nur für diejenigen entschieden, die das gewisse Etwas haben, das sie von anderen unterscheidet, wie gut diese auch sein mögen. Und am Ende entscheidet der Geschmack. Wir sind Aficionados mit persönlichen Vorlieben, Neigungen und Nostalgien – wie Sie auch.

Einige Erläuterungen zu unserem Bewertungssystem müssen aber sein. Der Begriff »Stärke« bezieht sich auf die Intensität, aber auch den Reichtum des Geschmacks. »Gleichmäßigkeit« beurteilt die Herstellung der Zigarre (Geschmeidigkeit, Dichte, Durchlässigkeit) und den Zug, der für die Kunst des Rauchgenusses wesentlich ist. »Charakter« hat eine vergleichende, keine absolute Bedeutung. Alle Zigarren in diesem Buch sind von höchster Qualität. Auch dieser Begriff bedarf einer Erläuterung. Eine Zigarre kann hinsichtlich des Tabaks, der Herstellung, des Finishings und der Reife einwandfrei sein und trotzdem unseren Kriterien nicht entsprechen.

Wie bei jeder Auswahl spielt der Vergleich eine große Rolle. Ein junge Zigarre kann sich im Alterungsprozess erheblich verbessern, eine ältere mag vom Wegesrand abgekommen sein und von einer Neubewertung ihrer Tugenden profitieren. Die Zeit kann ein feststehendes erstes Urteil sehr fragwürdig machen. Und vor allem: Es sind kleinste Differenzen, Feinheiten und Nuancen, die nach bestem Wissen und Gewissen unser Urteil als Konsumenten, die wir schließlich alle sind, beeinflussen.

Die Kategorie »Genuss« fasst all das zusammen, was man für einen optimalen Rauchgenuss wissen sollte. Dazu gehören historische Anmerkungen, die Kombination mit Speisen, Getränken und Anlässen und auch ein Bezug zur Erfahrung mit Zigarren. Wir wollen damit die sinnlichen und analytischen Fähigkeiten des Aficionados erweitern.

Bei unserer Gesamtbewertung ist der höchste zu erreichende Wert »10«. Die Abbildungen zeigen die Zigarren in ihrer Originalgröße.

Unser größter Wunsch für den Leser dieses Buches ist, dass am Ende seine Geschmacksknospen sensibler und seine Sinne hellwach sein mögen, um die eine oder andere dieser Zigarren zu probieren. Denn wir wissen, dass eine feine Zigarre Aufmerksamkeit, Sorgfalt und Aufgewecktheit, ja Leidenschaft verlangt, um den Gipfel ihrer Möglichkeiten zu erreichen – und wir wissen auch, dass es die beste Vorbereitung für den Genuss ist, davon zu träumen. Darüber hinaus hoffen wir, dass dieses Buch der Stoff ist, aus dem Träume sind.

Salomón – Kuba

CUABA SALOMONES

Länge:	184 mm (7 ¼ in.)
Ringmaß:	57 (22,62 mm)
Körper:	Rund
Aufmachung:	Traditionelle Kiste mit 10 Stück

Aussehen
Man öffne die Kiste wie eine wertvolle Schatulle und lasse sich überraschen – eine superbe Konstruktion für zehn Zigarren wie aus einem Stück. Die Farbe Colorado unterstreicht den Adel und die Perfektion des Stils.

Anfühlung
Bei Berührung fest, ist die Salomones von Cuaba zugleich seidig und zart, alles mit einer Eleganz, die die Liebhaber dieses Formats verführt.

Duft
Komplex, anfangs mit etwas Animalischem – junges, frisches Leder – und danach vegetarisch. Mit diesem Eindruck ist es sehr schwer, das Bukett insgesamt zu erfassen.

Geschmack
Sie öffnet sich mit leichten und distanzierten Noten und geht schnell in die florale Welt über, die vom Duft nach Heu begleitet wird. Holzige Gewürze übernehmen, bevor sich im Finale kraftvolle, reiche und üppige Aromen in großartiger Breite zeigen. Ihre Abfolge lässt das Vorüberziehen jeder aromatischen Grenze bedauern.

Genuss
Dieser Ende der 1990er-Jahre zurückgekehrte Geschmack der 1950er-Jahre erlaubt die Wiederentdeckung eines Produktes von einsamer Leidenschaft. Die Zigarre ist ideal zu einer ambitionierten Küche, komplexen Weinen und Long Drinks.

Gesamtbewertung
Stärke: 8,5 – Gleichmäßigkeit: 9 – Charakter: 9,5.

Rodolfo – Kuba

SAN CRISTÓBAL DE LA HABANA MURALLAS

Länge: 180 mm (7 ⅛ in.)
Ringmaß: 54 (21,43 mm)
Körper: Rund
Aufmachung: Lackiertes Kabinett mit 25 Stück

Aussehen
Anmut und Üppigkeit: Gleichzeitig schlank mit einem Körper wie eine Churchill und mächtig mit einem Durchmesser größer als bei einer Double Corona, bietet die Murallas (Muralla = Stadtmauer) eine prächtige Architektur mit sehr feinen und seidigen Tabaken.

Anfühlung
Die Fülle beeindruckt: Man spürt sofort, sie ist nicht harmlos, immer üppig, aber seidig – eine stille Kraft.

Duft
Am Anfang ist er reich parfümiert mit floralen, abgerundeten Noten, aber dies kann täuschen, weil der Geschmack nach den ersten Zügen sehr anders ist. Dann entfaltet sich ein sehr elegantes Aroma im Bereich reifer roter Früchte.

Geschmack
Wenn der Beginn sanft, rund und waldig-cremig ist, entwickelt sich anschließend eine Abfolge üppiger und beständiger Aromen nach Kaffee und schwarzer Schokolade. Am Ende erfolgt eine Explosion gebändigter Kraft, und der Kopf entfaltet warme Gewürze.

Genuss
Die Rodolfo benötigt Zeit wie eine Double Corona. Das Geheimnis ist der langsame und aufmerksame Genuss. Die Murallas passt gut zu traditioneller und innovativer Küche, am besten mit einem gehaltvollen Rotwein, der dagegenhalten kann.

Gesamtbewertung
Stärke: 8,5 – Gleichmäßigkeit: 8 – Charakter: 8,5.

Pirámide – Kuba

DIPLOMÁTICOS N° 2

Länge: 156 mm (6 ⅛ in.)
Ringmaß: 52 (20,64 mm)
Körper: Quadratisch
Aufmachung: Traditionelle Kiste mit 25 Stück

Aussehen
Diese reichhaltige und volle Zigarre ist gut gebaut und hat einen besonders feinen Kopf. Die Colorado-Claro- und die Maduro-Version strahlen beide Stärke aus.

Anfühlung
Eher flexibel als weich, wird die kraftvolle Füllung durch eine cremige Mischung aus Feuchtigkeit und natürlicher Fleischigkeit unterstrichen.

Duft
Das reiche und anhaltende florale Aroma ist in den ersten zwei Jahren fast ein wenig herb, gewinnt aber mit der Zeit an Rundheit und Adel.

Geschmack
Der tiefe, starke Geschmack des ersten Zuges mag den Anfänger überwältigen. Man kann die Zigarre nach der Hälfte ein paar Minuten beiseitelegen, um das feine konzentrierte Ende zu verstärken, bei dem das feuchte, würzige Aroma Holznoten annimmt. Aber der kräftige, ein wenig heiße Brand erfordert Erfahrung.

Genuss
Die Diplomáticos N° 2 wurde früher von den Stars des Formats in den Schatten gestellt, hat sich aber in der letzten Dekade einen eigenen Ruf erworben. Nach dem Essen ist sie großartig, besonders zu einem Digestif. Ausreichendes Reifen macht den ersten Zug weicher.

Gesamtbewertung
Stärke: 8,5 – Gleichmäßigkeit: 8 – Charakter: 7,5.

Pirámide – Kuba

H. UPMANN N° 2

Länge: 156 mm (6 ⅛ in.)
Ringmaß: 52 (20,64 mm)
Körper: Quadratisch
Aufmachung: Traditionelle Kiste mit 25 Stück

Aussehen
Eine Zigarre mit klarer Erscheinung. Die üblichen Colorado-Deckblätter zeigen Rot- und Brauntöne. Einige stärker geäderte Blätter ragen aus der außergewöhnlich gleichmäßigen Kiste heraus.

Anfühlung
Dies ist eine feste, kompakte und sehr homogene Zigarre. Vom gleichmäßigen Fuß zieht sich der stämmige Körper zum perfekt pointierten Kopf. Ihre samtige Textur hinterlässt einen leicht öligen Film in der Hand. Imposant, fest und maskulin.

Duft
Das kräftig-würzige Aroma über einem Ambraduft als Grundton eröffnet die Freuden des Wohlgeschmacks. Das Bukett wird durch sehr feuchte und entfaltete Aromen eines Waldbodens geprägt.

Geschmack
Vom ersten Zug an hat man einen reichhaltigen und kräftig fleischigen Geschmack. Die H. Upmann N° 2 hat einen außergewöhnlich langen Abgang. Der Akzent liegt auf würzig, pfefferig, scharf. Alles in der Tradition des Torpedo-Formats.

Genuss
Es dauerte Jahre, bis diese großartige Figurado ihren verdienten Platz neben der ehrwürdigen Montecristo N° 2 einnahm. Im Gegensatz zu ihrer Erscheinung ist die H. Upmann N° 2 keinesfalls schwer. Für den erfahrenen Connaisseur ist sie eine feine Ergänzung zu einem reichhaltigen Mahl, jedoch für den Anfänger oder Gelegenheitsraucher nicht unbedingt empfehlenswert.

Gesamtbewertung
Stärke: 9 – Gleichmäßigkeit: 8,5 – Charakter: 9.

Pirámide – Kuba

MONTECRISTO N° 2

Länge: 156 mm (6 ⅛ in.)
Ringmaß: 52 (20,64 mm)
Körper: Quadratisch
Aufmachung: Traditionelle Kiste mit 25 Stück

Aussehen
Die Farbpalette dieses Königs der Torpedos reicht von hell bis dunkel – die Colorado sieht am besten aus. Die Zigarre hat eine gleichmäßige Fettigkeit.

Anfühlung
Ein perfekter Körper, geschmeidig und fest zugleich, und ein Kopf wie eine Goldschmiedearbeit. Sie liegt so gut in der Hand, dass man glaubt, eine Double Corona zu halten.

Duft
Eindringlich und reichhaltig mit einer für die Marke uncharakteristischen Würzigkeit. Der Körper verströmt eine leichte Lederigkeit, der Fuß hat sein eigenes holziges, rundes und reiches Aroma.

Geschmack
Das erste Drittel ist eher üppig als aromatisch. Dann treten eindrucksvolle Holz- und Ledernoten sowie erdige Aromen hervor, die in einem würzigen Finale enden, das vom konischen Kopf verstärkt wird.

Genuss
Die Montecristo N° 2 wurde oft kritisiert, bleibt aber eine großartige Zigarre, wenn sie ordentlich hergestellt wurde. Diese äußerst ehrenwerte Zigarre bewegt sich in einer eigenen Klasse und sollte nicht mit anderen verglichen werden. Sie ist perfekt nach einem reichhaltigen, gehobenen Mahl zu einem außergewöhnlichen Wein, der die Sonne eingefangen hat.

Gesamtbewertung
Stärke: 9 – Gleichmäßigkeit: 8,5 – Charakter: 8,5.

Pirámide – Kuba

PARTAGÁS P2

Länge: 156 mm (6 ⅛ in.)
Ringmaß: 52 (20,64 mm)
Körper: Quadratisch
Aufmachung: Unlackierte Kiste mit 25 oder 10 Stück

Aussehen
Der Mantel ist fett, kräftiges Colorado, zieht den Blick auf sich, aber der Ring, identisch mit dem der berühmten D4, springt in die Augen. Diese sehr regelmäßige, schöne Zigarre hat etwas Majestätisches, wie es sich bei den großen Formaten gehört.

Anfühlung
Die Fettigkeit ist nicht ölig, sondern trocken. Nimmt man sie in die Hand, strahlt sie eine gewisse Stärke aus, ein Charisma, das vor dem Rauchen eine Art Respekt einflößt. Der Körper ist sehr gleichmäßig.

Duft
Die erste Anmutung zeigt den Stil von Partagás mit einer Überfülle von Gewürznoten, noch gesteigert durch frisches Leder. Danach entfaltet sie ein reiches und beeindruckendes Bukett, das einem den Mund wässrig macht.

Geschmack
Der mehr als angenehme Brand gewinnt langsam an Kraft, die zum Höhepunkt gleichzeitig würzigen und fetten Geschmack entwickelt, mit einem holzigen Ton, der bei Pirámiden einzigartig ist. Das bemerkenswerte Finale, einer Double Corona würdig, ist eine Lawine von Aromen.

Genuss
Eine Traumzigarre für ein gehobenes Dinner und einen schweren Wein, doch auch für den Abschluss des Abends. Aber man muss ihr Zeit geben.

Gesamtbewertung
Stärke: 7,5 – Gleichmäßigkeit: 8,5 – Charakter: 9.

Pirámide – Kuba

SAN CRISTÓBAL DE LA HABANA
LA PUNTA

Länge: 156 mm (6 ⅛ in.)
Ringmaß: 52 (20,64 mm)
Körper: Quadratisch
Aufmachung: Traditionelle Kiste mit 25 Stück

Aussehen
Einer großen Torpedo würdig. Die seidigen Deckblätter reichen von Altgold zu edlen Rottönen.

Anfühlung
Die einheitliche Machart betont die fette Fülle der Blätter und ist bei den dunkleren Farben von samtiger Sanftheit.

Duft
Die Zigarre ist noch zu jung, um ihr wahres Aroma zu zeigen. Das Bukett des Fußes ist grün und floral.

Geschmack
Ein sanfter, aromatischer Beginn entwickelt sich zu einem kräftigen, reichhaltigen zweiten Drittel mit einem starken Finale. Ein großartiger Verlauf ohne Überhitzung bei einer solch jungen Zigarre.

Genuss
Die La Punta entstand in den späten 1990er-Jahren, als dieses Format in Mode war. Sie ist eine exzellente Ergänzung für eine ambitionierte Marke und hat eine feine Cremigkeit, nachhaltige Stärke und mitteltiefe Reichhaltigkeit. Sie passt sehr gut zu einem tanninhaltigen Rotwein mit Holz- und Rauchkaromen.

Gesamtbewertung
Stärke: 7 – Gleichmäßigkeit: 8 – Charakter: 7,5.

Pirámide – Kuba

VEGAS ROBAINA ÚNICOS

Länge: 156 mm (6 ⅛ in.)
Ringmaß: 52 (20,64 mm)
Körper: Quadratisch
Aufmachung: Traditionelle Kiste mit 25 Stück

Aussehen
Die Farbe ist zumeist Claro oder Colorado, manchmal auch Maduro. Die hübsche gold-braune Bauchbinde und die geäderten Deckblätter geben der Zigarre einen besonderen Auftritt.

Anfühlung
Kompakt und nicht zu massig mit einer delikat sanften Oberfläche, guter Steifheit und Geschmeidigkeit zugleich.

Duft
Die subtilen grünen Nuancen und der Duft feuchter Erde am Fuß weichen rustikalen, fleischigen Erdaromen mit pflanzlichen, aber nicht floralen Noten.

Geschmack
Dies ist das stärkste Modell der neuen Marke. Der traditionelle Geschmack dominiert von Anfang an und mag für den Anfänger zu viel sein. Er ist reich, schwer, stark und würzig. Nach einigen Jahren der Reife wird sich mehr Rund- und Sanftheit entwickeln.

Genuss
Der Liebhaber starker Gefühle kommt bei dieser üppigen Zigarre direkt auf den vollen Geschmack. Perfekt nach einem Wildgericht zu einem alten Armagnac.

Gesamtbewertung
Stärke: 9 – Gleichmäßigkeit: 7 – Charakter: 6,5.

Campana – Kuba

BOLÍVAR BELICOSOS FINOS

Länge: 140 mm (5 ½ in)
Ringmaß: 52 (20,64 mm)
Körper: Rund
Aufmachung: Kabinett mit 25 Stück oder traditionelle Kiste mit 25 Stück

Aussehen
Die Kabinett-Selection ist ein Bündel »Schokoladenstäbchen« von seltener Harmonie, deren Farbpalette von hellem Ocker zu dunklem Braun reicht, dazwischen auch Nuancen von Gold und sogar Grün.

Anfühlung
Dick und weich mit einnehmender Geschmeidigkeit. Das perfekte Verhältnis von Länge und Stärke machen die Belicosos Finos zu einem Handschmeichler.

Duft
Ein volles, reichhaltiges Bukett aus Holz- und Gewürznoten.

Geschmack
Im Stil einer Torpedo beginnt die Zigarre mit einem eher sanften Auftakt, der sich mit stärkeren, wunderbar runden würzigen Aromen anreichert. Der konische Kopf verleiht dem potenten Finale einen langen Abgang.

Genuss
Dieser Torpedo fehlt der momentane Charakter und die schnelle Entwicklung des Robusto-Modells, sie bietet dafür aber besten Auftritt, mehr Komplexität und einen starken Abgang. Alkohol gibt ihr nichts Zusätzliches. Sie ist eine Klasse für sich.

Gesamtbewertung
Stärke: 7,5 – Gleichmäßigkeit: 9 – Charakter: 8.

• *In der gleichen Familie: die* **Sancho Panza Belicosos,** *allerdings floraler und stärker.*

Campana – Kuba

ROMEO Y JULIETA BELICOSOS

Länge: 140 mm (5 ½ in.)
Ringmaß: 52 (20,64 mm)
Körper: Rund
Aufmachung: Traditionelle Kiste mit 25 Stück

Aussehen
Die herausragend homogenen, kaum geäderten Deckblätter geben dieser Campana ein königliches Aussehen. Dunkle Töne und eine perfekte Textur, sehr fett, aber nicht übertrieben.

Anfühlung
Rundlich elegant mit einem Zwergenkopf. Wenn sie nicht zu eng gerollt wurde, liegt sie geschmeidig und weich in der Hand.

Duft
Das weit gefächerte Bukett am Fuß geht in das weiche Lederaroma des Körpers über. Vollendet mild, nie übertrieben.

Geschmack
Vom ersten Zug ein würziges Holzaroma mit üppigem Volumen, die Art von Zigarre, die den Wunsch nach mehr weckt. Wenn sie korrekt gefertigt wurde, brennt sie perfekt, was durch den feinen Torpedo-Kopf verstärkt wird.

Genuss
Wenn sie nur ein wenig länger wäre! Ihr Wohlgeschmack verlangt nach mehr. Passt gut zu Fisch und einem fruchtigen Weißwein an einem Sommerabend am Wasser.

Gesamtbewertung
Stärke: 7 – Gleichmäßigkeit: 8 – Charakter: 9.

Figurado – Dominikanische Republik

SANTA DAMIANA TORPEDO

Länge: 159 mm (6 ⅛ in.)
Ringmaß: 48 (19 mm)
Körper: Rund
Aufmachung: Traditionelle Kiste mit 25 Stück

Aussehen
Perfekt symmetrisch mit einem etwas verlängerten Kopf. Die hellgoldene Farbe setzt sich von der dominant blauen Bauchbinde ab.

Anfühlung
Eher fest und glatt als fett. Gibt ein gutes Gefühl in der Hand. Besonders geschmeidig am perfekt runden Fuß.

Duft
Vorzugsweise vegetarisch am Fuß, honigartig und rund am Körper. Der Duft ist ätherisch und flüchtig mit einer nachklingenden Frische, die für dieses Format ungewöhnlich ist.

Geschmack
Süß und sanft mit einem Hauch von Trockenheit, die sich zu einer reichen Eleganz ohne jede Aggressivität öffnet. Im letzten Drittel bekommt das Aroma eine exotisch strenge Kopfnote.

Genuss
Diese Torpedo ist eine gute Einführung für Novizen bei diesem Format und ein guter Tagesbegleiter für den Kenner. Nie langweilig, perfekt an einem Sommerabend.

Gesamtbewertung
Stärke: 7 – Gleichmäßigkeit: 7,5 – Charakter: 7,5.

• *Ähnliches Aroma in der gleichen Familie hat die* **Vega Fina Pirámides**.

Exquisito – Kuba

CUABA EXCLUSIVOS

Länge: 145 mm (5 ¾ in.)
Ringmaß: 45 (17,82 mm)
Körper: Rund
Aufmachung: Traditionelle Kiste mit 25 Stück

Aussehen
Auf den ersten Blick die Erinnerung an eine altmodische holländische Zigarre aus dem 19. Jahrhundert (mit konischem Kopf und Fuß), aber das Gold der Bauchbinde und vor allem der Tabak zeigen den zeitgenössischen Geist.

Anfühlung
Konsistent, am Kopf fester als am Fuß. Nicht nur wegen ihrer Dichte insgesamt fest.

Duft
Frisch und floral mit einer trockenen Note und ohne große Fantasie. Der Körper wird von leicht scharfen Tönen nach Farn und grünem Pfeffer dominiert.

Geschmack
Eine einzigartige Frische zwischen trocken und leicht betont das waldartige Aroma dieser Zigarre am pronunciertesten innerhalb dieses Sortiments. Der aufgrund der Architektur langsame Beginn entwickelt einen ruhigen, gleichmäßigen Brand, ein überzeugendes Angebot für Anfänger.

Genuss
Die geschickte Mischung sinnlicher und ästhetischer Eleganz, der man sich kaum entziehen kann, macht diese seltene Cuaba zu einer feinen Komplettierung der großen Auswahl kubanischer Zigarren.

Gesamtbewertung
Stärke: 6 – Gleichmäßigkeit: 7 – Charakter: 6,5.

• *In der gleichen Familie ist die* **Partagás Presidentes** *stärker, länger und ein wenig dicker.*

Gran Corona – Kuba

HOYO DE MONTERREY
PARTICULARES LIMITIERTE SERIE

Länge: 235 mm (9 ¼ in.)
Ringmaß: 47 (18,65 mm)
Körper: Rund
Aufmachung: Traditionelle Kiste mit 5 Stück in Einzelkästen

Aussehen
Die elegante Schönheit kräftiger Maduro-Töne betont die imposante Länge.

Anfühlung
Voll und seidig, konsistent und widerstandsfähig. Die Solidität geht nur einen kleinen Kompromiss mit der Geschmeidigkeit ein.

Duft
Die diskrete Milde des Anfangs weicht potenter Reichhaltigkeit und endet in floralen, waldartigen Noten.

Geschmack
Wie andere Zigarren dieser Länge schmeckt die Particulares Limitierte Serie anfangs zart süß und grasig. Nach dem ersten Drittel setzt sich ein kaum vegetarischer, waldartiger Ton mit Gewürznoten durch, der dem Rauchgenuss Tiefe gibt.

Genuss
Die erforderliche Zeit für diese kompakte Zigarre mag den Neuling zurückhaltend machen. Sie ist für das Format jedoch gut zu handhaben. Am besten nach einem Dinner oder im Winter nach einer kleinen Mahlzeit.

Gesamtbewertung
Stärke: 8 – Gleichmäßigkeit: 7 – Charakter: 7.

• *In der gleichen Familie ist die* **Sancho Panza Sanchos** *milder und leichter auf der Zunge und weniger intensiv.*

Gran Corona – Kuba

MONTECRISTO »A«

Länge: 235 mm (9 ¼ in.)
Ringmaß: 47 (18,65 mm)
Körper: Rund
Aufmachung: Halblackierte Kiste mit 25 Stück

Aussehen
»A« steht für »Art«, die Kunst des Zigarrenhandwerks. Ob blond, braun oder dunkelbraun – diese fantastische Especial hat beste, meisterlich verarbeitete Deckblätter. Jede ist ein Juwel in ihrer lackierten Kiste.

Anfühlung
Seidig und glatt, aber nie weich. Von Kopf bis Fuß durchgehende Geschmeidigkeit.

Duft
Das wohlriechende Bukett wird in einer Mischung aus Diskretion und Präsenz von dezenten waldartigen Noten durchsetzt.

Geschmack
Nach dem kaum wahrnehmbaren ersten Zug sind die verschiedenen Phasen klar unterscheidbar. Anfänglich vegetarische Aromen verwandeln sich in stark waldige, honig- und lederartige und schließlich pfefferige Geschmäcker mit einem ausgeprägt würzigen und doch eleganten Finale. Die Übergänge sind seidenweich.

Genuss
Dieser Zigarrenmythos hat wegen seines Formats gelegentlich keine so große Wertschätzung genossen. Montecristo bleibt eine Institution für den lang anhaltenden Genuss nach einem Dinner. Wenig trainierte Gaumen neigen dazu, besonders im Zusammenhang mit Alkohol, von der Montecristo »A« überwältigt zu werden. Sie reift vorzüglich und gewinnt dabei an Rundheit und Milde, bewahrt dabei zugleich die waldartige Note über einem Madera-Grundton – typisch für ein Spitzenprodukt.

Gesamtbewertung
Stärke: 8 – Gleichmäßigkeit: 9 – Charakter: 9,5.

Prominente – Kuba

HOYO DE MONTERREY DOUBLE CORONAS

Länge: 194 mm (7 ⅝ in.)
Ringmaß: 49 (19,45 mm)
Körper: Rund
Aufmachung: Kabinett mit 50 Stück, traditionelle Kiste mit 25 Stück

Aussehen
Die Kabinett-Selection mit ihren 50 Stück ist ein wahres Wunderwerk. Die außergewöhnlich eleganten und gleichmäßigen goldenen Deckblätter umschließen einen fleischigen und seidigen Tabak.

Anfühlung
Diese üppige Zigarre fühlt sich mit ihrer samtigen Textur wie Seide an. Wenn sie im Bestzustand ist, vermittelt leichter Druck ein Gefühl von Durchlässigkeit.

Duft
Das unvergleichliche Aroma ist mild und rund mit seidigen Ingwernoten. Zu Beginn zart, entfaltet sich der volle Duft zu präsenten milden Gewürztönen.

Geschmack
Man befindet sich im Herzen der Havannas. Nach einem zurückhaltenden Beginn erblüht ein floraler, leicht waldartiger und nie zu schwerer Geschmack. Rundheit und Fülle sind die Säulen, die diese verehrungswürdige Zigarre tragen.

Genuss
Die Architektur ist von seltener Reinheit und passt perfekt zu Fisch und einem großen weißen Burgunder.

Gesamtbewertung
Stärke: 7 – Gleichmäßigkeit: 9 – Charakter: 9,5.

Prominente – Kuba

PARTAGÁS LUSITANIAS

Länge: 194 mm (7 ⅝ in.)
Ringmaß: 49 (19,45 mm)
Körper: Rund
Aufmachung: Kabinett mit 50 Stück, traditionelle Kiste mit 25 Stück

Aussehen
Die Farbpalette reicht von hellem Gold bis zu glänzendem Braun und strahlt von Kopf bis Fuß ästhetische Perfektion aus.

Anfühlung
Luxuriöse samtige Deckblätter umhüllen einen spektakulär seidig vollen Tabak. Ein Körper zum Hinschauen, geschmeidig und stramm zugleich.

Duft
Eine superbe Palette fetter und kräftiger waldartiger Aromen mit nachhaltigem Lederton. Zu Beginn etwas vegetarisch, am Ende würziger. Mit der Reife dezenter und manchmal mit einem Hauch von Zimt.

Geschmack
Junge Lusitanias sind mit kräftigen Wald- und Gewürzaromen etwas durchdringend. Die Palette dehnt sich aber zu schwereren vegetarischen Aromen aus, ohne die Würzigkeit zu verlieren. Das Finale ist wie das Crescendo eines Feuerwerks.

Genuss
Vor dreißig Jahren noch völlig unbekannt, sind die Lusitanias heute ein Muss bei diesem Format. Diese eklektische Zigarre passt zum frugalen wie zum Gourmetmahl und gehört in den Sommer von Mai bis Oktober.

Gesamtbewertung
Stärke: 9,5 – Gleichmäßigkeit: 9 – Charakter: 9,5.

Prominente – Kuba

PUNCH DOUBLE CORONAS

Länge: 194 mm (7 ⅝ in.)
Ringmaß: 49 (19,45 mm)
Körper: Rund
Aufmachung: Kabinett mit 50 Stück,
              traditionelle Kiste mit 25 Stück

Aussehen
Atemberaubend. Diese superbe Zigarre ist hinsichtlich ihrer Kraft, Fülle und Eleganz der Stand der Kunst und verkörpert eine außergewöhnliche Vitalität.

Anfühlung
Schwer, kompakt, stark und doch delikat mit einer sehr maskulinen Seidigkeit. Manchmal ein wenig fett.

Duft
Ein Duft fürs Leben, der nie enden sollte. Er ist reichhaltig und komplex mit waldartigen und erdigen Noten; ein ganzer Wald mit Pfaden durch die Region seiner Düfte.

Geschmack
Vom ersten Zug an volle Kraft. Das aromatische Register steigert sich von waldig mild zu einer veritablen Apotheose, die einen Hauch von Salz auf den Lippen hinterlässt.

Genuss
Eigentlich nur für die großen Momente im Leben, aber mit Hingabe an die Kultur des Rauchens. Natürlich perfekt nach einem exquisiten Mahl und vielleicht ein wenig zu viel für den Anfänger. Die Zigarre reift exzellent.

Gesamtbewertung
Stärke: 8,5 – Gleichmäßigkeit: 8 – Charakter: 9.

• *In der gleichen Familie ist die* **Saint Luis Rey Prominentes** *ein Wunder der Zigarrenwelt, aber schwer zu bekommen.*

Prominente – Kuba

RAMÓN ALLONES GIGANTES

Länge: 194 mm (7 ⅝ in.)
Ringmaß: 49 (19,45 mm)
Körper: Rund
Aufmachung: Traditionelle Kiste mit 25 Stück

Aussehen
Üblicherweise in tiefem und kräftigem Maduro. Die rot-goldene Bauchbinde hebt den gefällig runden Kopf hervor.

Anfühlung
Äußerst seidig, fest und dicht, aber auch mit Geschmeidigkeit, die zu große Härte verhindert.

Duft
Wenn sie zu jung geraucht wird, hat der Duft etwas von neuem Leder sowie von frisch geschnittenen Blumen und drängt jeden Hauch von Tabak stark in den Hintergrund. In ihrer Reife durchmisst die Gigantes die Höhen der Sinnlichkeit und lässt ein magisches Madera-Bukett spüren.

Geschmack
Alles passiert im zweiten Akt: Volle, fette Aromen kreisen um würzige Zentraltöne und enden in einer Symphonie brillant verdichteter Freigiebigkeit.

Genuss
Als eine der bekanntesten Double Coronas ist die Gigantes ein ungehobener Schatz. Die Stückzahl ist sehr gering und für Kenner reserviert, die auf sie schwören. Nach dem Essen perfekt zu einem alten Pflaumenschnaps.

Gesamtbewertung
Stärke: 9 – Gleichmäßigkeit: 9 – Charakter: 10.

Prominente – Kuba

SAINT LUIS REY DOUBLE CORONAS

Länge: 194 mm (7 ⅝ in.)
Ringmaß: 49 (19,45 mm)
Körper: Rund
Aufmachung: Kabinett mit 50 Stück

Aussehen
Sie strahlt das überlegene Selbstbewusstsein eines Halb-Rades im Format Double Corona aus, Farbe Colorado, und offenbart sich auf den ersten Blick.

Anfühlung
Sie kommt aus einer Zeit, in der die Anfühlung keine solche Rolle spielte und hat eine ungünstige Festigkeit, mit der Folge eines schwierigen Brandes. Aber Saint Luis Rey hat sich seither besonnen und verbindet von nun an Kompaktheit mit Geschmeidigkeit.

Duft
Es beginnt mit subtilen Noten nach feuchter Erde, die sich zwischen fermentiertem Kraut und trockenem Holz bewegen. Sie sind diskret im Körper und zeigen sich am Fuß noch deutlicher.

Geschmack
Wie bei den Prominentes üblich, hat der florale Anfang etwas Distanziertes, während die zweite Phase reicheren und volleren Genuss mit der gehörigen Langsamkeit bietet. Das Finale entfaltet durchaus kräftige Noten einer Mischung aus Gewürzen und deutlichem Kakao.

Genuss
Diese Prominente ist nicht für den Alltag, sondern für besondere Momente. Sie passt am besten zur exotischen Küche oder zum entsprechenden Drink nach einem Wildessen.

Gesamtbewertung
Stärke: 8,5 – Gleichmäßigkeit: 6,5 – Charakter: 7.

Prominente – Kuba

VEGAS ROBAINA DON ALEJANDRO

Länge: 194 mm (7 ⅝ in.)
Ringmaß: 49 (19,45 mm)
Körper: Quadratisch
Aufmachung: Traditionelle Kiste mit 25 Stück

Aussehen
In die teuersten Deckblätter, zumeist in Colorado, eingehüllt und mit einer eleganten gold-braunen Bauchbinde geziert, ist diese Double Corona ebenso imposant wie vielversprechend.

Anfühlung
Der geschmeidige Körper ist leicht fett und kann einen Film auf den Fingern hinterlassen. Die quadratische Form betont das Gefühl der Gleichförmigkeit.

Duft
Das üppige Bukett ist am Fuß grüner und am Körper lederiger. Das lang anhaltende Finale hat wieder einen vegetarischen Hauch.

Geschmack
Das herbe Aroma der Jugend hat einige potenzielle Bewunderer abgeschreckt. Mit der Zeit gewinnt die Don Alejandro an Rundheit. Die Aggressivität mildert sich zu tiefen Aromen, die sich einen gewinnenden Hauch von Frische erhalten. Waldige Kopfnoten und zum Schluss ein Schuss Tannin runden den Genuss ab.

Genuss
Mit ihrem herausragenden Stil und Geschmack ist die Don Alejandro nicht nur für Vegas Robaina eine Zierde, sondern für das Double Corona-Format insgesamt. Besonders empfehlenswert ist sie bei kühlerem Wetter zu einem guten Burgunder.

Gesamtbewertung
Stärke: 9 – Gleichmäßigkeit: 9 – Charakter: 9.

Julieta – Kuba

BOLÍVAR CORONAS GIGANTES CABINET SELECTION

Länge: 178 mm (7 in.)
Ringmaß: 47 (18,65 mm)
Körper: Rund
Aufmachung: Kabinett mit 50 Stück,
traditionelle Kiste mit 25 Stück

Aussehen
Die perfekte Erscheinung dieser Zigarre lässt sie auch unter den großen Churchills herausragen. Die Farbe reicht von hell- bis dunkelbraun; der stolze Körper besitzt einen fachmännisch runden Kopf.

Anfühlung
Dieses verführerische Schwergewicht ist in glatte, seidige und saftige Deckblätter gekleidet. Die Zigarre ist geschmeidig als auch dicht und sollte von Feuchtigkeit ferngehalten werden. Ein konsistenter, persönlicher Stil.

Duft
Das üppige Bukett erdiger und waldiger Noten ist nie zu würzig. Die Stärke dieser Bolívar ist beispielhaft für die Marke. Angemessene Reife entfaltet die volle, nachhaltige Kraft.

Geschmack
Ab dem zweiten Drittel reichhaltig und intensiv, macht diese konsistente Zigarre ihre Geschmacksentwicklung dem aufgeschlossenen Raucher sehr transparent. Besonders empfehlenswert nach einem Fischgericht zu schwerem Weißwein.

Genuss
Diese diskrete Zigarre war lange nur schwer erhältlich. Eine exzellente Jahrgangszigarre, die durch ihre Konsistenz überzeugt. Die Cabinet Selection mit 50 Stück hat ein schöneres Bukett als die traditionelle Kiste.

Gesamtbewertung
Stärke: 8 – Gleichmäßigkeit: 7,5 – Charakter: 8,5.

• *In der gleichen Familie ist die **Sancho Panza Coronas Gigantes** erdiger und milder.*

Julieta – Kuba

COHIBA ESPLÉNDIDOS

Länge: 178 mm (7 in.)
Ringmaß: 47 (18,65 mm)
Körper: Rund
Aufmachung: Lackierte Kiste mit 25 Stück,
               Etui mit 3 Stück

Aussehen
Die lackierte Kiste ist die schönste Präsentation für diese Zigarre, die sich wie eine Churchill gibt. Die meiste Zeit hat sie Colorado- oder Claro-Deckblätter. Diese feinen und regelmäßigen Deckblätter sind die Ouvertüre.

Anfühlung
Die schöne Rundheit steigert das ansprechende Fingergefühl. Dieser Aristokrat zeigt sich seidig, ohne fett oder klebrig zu sein. Die Dichte des Tabaks verleiht ihm eine gewisse Härte. Man würde mehr Weichheit vorziehen.

Duft
Frisches Leder mit einer Nuance mehr floraler und reifer Gewürznoten, die zu Beginn fast diskret erscheinen. Aber dies bleibt nur ein flüchtiger Eindruck.

Geschmack
Diese Churchill mit reichem Geschmack von Anfang bis Ende mit pfeffrigen Aromen, die durch Tannine angereichert sind, ist auch bei den letzten Zügen pikant.

Genuss
Die Espléndidos bieten sich als großartige Zigarre nach dem Essen an, begleitet von einem ebensolchen Wein. Durch ihre Stärke können sie den Genuss verlängern. Nach einer schwierigen Zeit durch das Aufkommen von Konkurrenz haben sie wieder einen Platz unter den Top 20. Aber ihre Gleichmäßigkeit lässt zu wünschen übrig.

Gesamtbewertung
Stärke: 9 – Gleichmäßigkeit: 6,5 – Charakter: 7.

Julieta – Kuba

LA GLORIA CUBANA TAÍNOS

Länge:	178 mm (7 in.)
Ringmaß:	47 (18,65 mm)
Körper:	Rund
Aufmachung:	Traditionelle Kiste mit 10 Stück

Aussehen
Ein Kunstwerk in der Schachtel: Zehn Zigarren in einem intensiven Braun mit Goldring und einem aromatischen Versprechen.

Anfühlung
Dick, geschmeidig und stramm. Die Taínos sind manchmal am Kopf ein wenig dicht, aber der Körper ist sehr gleichmäßig. Wie alle großen Modelle am Fuß ein wenig fragil, aber insgesamt gut gebaut, solide und beeindruckend.

Duft
Das diskrete, subtile Aroma fettigen Leders. Die Gewürznoten am Fuß verhelfen dem waldigen Amber-Charakter des klassischen Duftes zum Leben.

Geschmack
Voll und kräftig. Das Aroma ist intensiv, rund und raumgreifend mit nachhaltigem Wald- und Gewürzgeschmack auf der Zunge. Für dieses Format ist der Gesamteindruck außerordentlich harmonisch.

Genuss
Diese wirklich großartige Zigarre ist in ihrer Reife besonders gut. Ihr einziger Fehler ist zugleich ihre Stärke: das Ungewöhnliche. Ihre Komplexität und Konsistenz macht sie für Kenner zu einem seltenen Genuss nach dem Dinner und mit einem tanninhaltigen Bordeaux zum unvergesslichen Erlebnis.

Gesamtbewertung
Stärke: 8,5 – Gleichmäßigkeit: 8 – Charakter: 8,5.

• In der gleichen Familie ist die **Partagás Churchills de Luxe** äußerlich weniger elegant und würziger im Aroma.

Julieta – Kuba

H. UPMANN SIR WINSTON

Länge: 178 mm (7 in.)
Ringmaß: 47 (18,65 mm)
Körper: Rund
Aufmachung: Halblackierte Kiste mit 25 Stück

Aussehen
Die frühere dunkelgrüne Kiste ließ einen sofort an Edelsteine denken. Die neue halblackierte Kiste ist ebenso elegant. Diese majestätischen Churchills reichen in der Farbe von honigblass bis zu schwarzer Schokolade. Darunter gibt es auch einen kostbaren, einzigartigen Maduro-Ton.

Anfühlung
Sie wird nur mit den allerfeinsten Deckblättern gemacht und fühlt sich sowohl rau als auch glatt an, mit einer darunter liegenden Seidigkeit.

Duft
Die jungen Sir Winstons duften waldig und grün. Mit dem Alter gewinnen sie Tiefe und Fülle. Die Kopfnote nach dunklem Kakao kommt gut durch und ist rund und beeindruckend.

Geschmack
Einwandfrei kräftig und elegant. Diese großartige Churchill entfaltet ihr würziges, starkes Aroma und steht für den Kenner des Formats außer jeder Frage.

Genuss
Gemacht für besondere Gelegenheiten. Dieser unschlagbare Star zieht jeden in seinen Bann, und die gelegentlichen kleinen Unebenheiten werden von der überragenden Gesamtqualität mehr als wettgemacht.

Gesamtbewertung
Stärke: 9 – Gleichmäßigkeit: 7,5 – Charakter: 8,5.

Julieta – Kuba

PUNCH CHURCHILLS

Länge:	178 mm (7 in.)
Ringmaß:	47 (18,65 mm)
Körper:	Rund
Aufmachung:	Kabinett mit 50 Stück, traditionelle Kiste mit 25 Stück

Aussehen
Die Punch Churchills ist weniger elegant, aber üppiger als die Double Corona der gleichen Marke und von eigener Rasse. Das halbe Rad zeigt perfekt geformte Köpfe. Die Farbpalette tendiert zu dunkelbraun mit gelegentlich schönem Claro.

Anfühlung
Wie bei Punch üblich, siegen fettige Reichhaltigkeit und samtige Textur über Seidigkeit. Eher fest, aber nicht ohne jede Geschmeidigkeit.

Duft
Zu Beginn sehr vegetarisch. Dann entfaltet das Aroma schnell erdige Noten nach nassem Heu und frisch gepflügten Feldern, die einen nicht unberührt lassen. Der Körper verströmt die Wärme feuchten Leders mit einem Hauch von Gewürzen darunter.

Geschmack
Die junge Punch Churchills ist erdig, gerbsäurehaltig und dick, aber nicht trocken oder flach. Mit dem Alter wird das Aroma fein waldartig mit einem Schuss Pfeffer. Die Rundheit dieser Jahrgangszigarre zieht perfekt alle Register.

Genuss
Die Reichhaltigkeit macht diese Zigarre ideal nach dem Dinner. Passt gut zu einem feinen Rum. Erdigkeit ergänzt Waldigkeit.

Gesamtbewertung
Stärke: 9,5 – Gleichmäßigkeit: 8 – Charakter: 9.

- In der gleichen Familie ist die **Romeo y Julieta Prince of Wales** ein wenig erdiger und mehr vegetarisch.

Julieta – Kuba

EL REY DEL MUNDO TAÍNOS

Länge: 178 mm (7 in.)
Ringmaß: 47 (18,65 mm)
Körper: Rund
Aufmachung: Unlackierte Kiste mit 25 Stück

Aussehen
Die feinen, seidigen Deckblätter dieser schönen Churchill zeigen die Farbpalette von hell bis dunkel. Die Anhänger der Marke bevorzugen Claro, aber auch Maduro-Colorado steht ihr sehr gut.

Anfühlung
Gleichzeitig geschmeidig und fest mit sehr gleichmäßiger Konsistenz. Die Zigarre fühlt sich elegant an.

Duft
Der Duft beginnt subtil und entfaltet sich über waldige, fast trockene Noten zum leichten, frischen und runden Aroma neuen Leders.

Geschmack
Diese gut gebaute Churchill beginnt langsam eine milde aromatische Reise. Am Anfang geht es eher waldartig zu, während die schwereren Noten im Mittelstück sie zu den Großen ihrer Zunft machen.

Genuss
Bei ihrem Ruf als die leichteste der kubanischen Julietas wird die El Rey del Mundo Taínos häufig von den Stars des Formats in den Schatten gestellt. Sie verdient jedoch einen Ehrenplatz in dieser Gesellschaft und ist perfekt nach einem Lunch oder zu extra trockenem Champagner, dessen Frische durch das waldige Aroma hervorragend ergänzt wird.

Gesamtbewertung
Stärke: 5 – Gleichmäßigkeit: 7 – Charakter: 7.

• In der gleichen Familie ist die **Hoyo de Monterrey Churchills** konsistenter, aber mild.

Julieta – Kuba

ROMEO Y JULIETA CHURCHILLS

Länge: 178 mm (7 in.)
Ringmaß: 47 (18,65 mm)
Körper: Quadratisch
Aufmachung: Traditionelle Kiste mit 25 Stück mit oder ohne Aluminium-Tuben

Aussehen
Die traditionell quadratische Kiste (ohne Tuben) enthält eine breite Farbpalette, wobei dunkles Maduro vorherrscht. Trotz der adrigen Deckblätter eine schöne Gleichmäßigkeit.

Anfühlung
Schwankungen in der Produktion liefern alles zwischen weich und zu fest gerollt. Liegt sie idealerweise dazwischen, ist diese Churchill eher geschmeidig als weich und hat feine ölige Deckblätter. Der Kopf ist rund, der Körper liegt gefällig in der Hand.

Duft
Nach einem sehr floralen Beginn übernimmt ein Duft von Pferdestall und Leder das Kommando. Eine eher grüne Grundnote zeigt eine Zigarre mit viel Substanz.

Geschmack
Bei allem Lamento über die wechselnde Verarbeitungsqualität verbreitet diese mythische Zigarre ein feines, würziges Aroma auf der Zunge, wenn sie geglückt ist. Sie ist rustikal, nicht rund, aber reichhaltig und stark im letzten Drittel. Das Finale bietet die volle Kraft. Der Brand ist gleichmäßig und leicht.

Genuss
Perfekt nach einen winterlichen Dinner zu einem alten Armagnac, der die Dimension erweitert.

Gesamtbewertung
Stärke: 9 – Gleichmäßigkeit: 6 – Charakter: 6,5.

Julieta – Kuba

SAINT LUIS REY CHURCHILLS

Länge: 178 mm (7 in.)
Ringmaß: 47 (18,65 mm)
Körper: Rund
Aufmachung: Kabinett mit 50 Stück,
traditionelle Kiste mit 25 Stück

Aussehen
Diese stilvolle Zigarre mit ihren goldenen, nie dunkleren Tönen als Colorado, ist ein Wunder gleichmäßiger Struktur.

Anfühlung
Geschmeidig und samtig, eher seidig als fett, ist diese Zigarre von Kopf bis Fuß sehr konsistent und homogen. Ausbalanciert, wie sie sich darstellt, gibt sie in der Hand ein gutes Gefühl.

Duft
Das volle Bukett ist sofort da. Es hat waldige, leicht würzige Aromen mit Kakao im Hintergrund, ist ganz abgerundet und reichhaltig erdig im Mittelstück. Präzision vermischt sich hier mit Adel.

Geschmack
Ein hervorragender Brand setzt die cremigen Aromen frei, die mit Ende des ersten Drittels noch stärker werden. Die Note ist exotisch sowie würzig und hat einen Hauch Trockenheit.

Genuss
Die Kabinett-Selection von 50 Stück ermöglicht dieser feinen Mischung perfektes Reifen hin zu waldartigen und Honignoten. Ideal für den langsamen Genuss nach französischer, italienischer oder auch asiatischer Küche.

Gesamtbewertung
Stärke: 8 – Gleichmäßigkeit: 8 – Charakter: 9.

• *Aus der gleichen Familie ist die* **H. Upmann Monarcas** *gut gebaut mit erdigeren Aromen.*

Julieta – Kuba

SAN CRISTÓBAL DE LA HABANA EL MORRO

Länge: 178 mm (7 in.)
Ringmaß: 47 (18,65 mm)
Körper: Quadratisch
Aufmachung: Traditionelle Kiste mit 25 Stück

Aussehen
Diese Zigarren sind mit ihren glänzenden Colorado-Farben so verführerisch wie die Milchschokolade, nach der sie aussehen.

Anfühlung
Die El Morro fühlt sich reich, dick und edel an, hat aber eine leichte Tendenz zur Fülle. Eine üppig ausgelegte Zigarre.

Duft
Der volle Körper versteckt sich anfangs hinter einer bescheidenen Fassade. Leicht würzige und erdige Töne entfalten sich um einen Kernduft nach feuchtem Waldboden. Dieses vollständig feuchte Aroma ist auch für den langsamen Beginn verantwortlich.

Geschmack
Am Fuß ist er ein wenig zurückhaltend und leicht, im zweiten Drittel voll und rund bis fast zum Schweren. Das reife, erdige und ein bisschen pfefferige Aroma ergibt ein kraftvolles Finale.

Genuss
Die junge, erst 1999 gegründete Marke muss sich noch vorbehaltlose Anerkennung erwerben. Es ist immer sinnvoll, eine neue Kollektion zu entdecken, besonders wenn sie so vielfältig ist. Wenn sie ausgereift ist, dürfte die El Morro mit ihrem reichen, komplexen Aroma ihre Liebhaber finden, insbesondere zu einer kräftigen Mahlzeit und einem ebensolchen Burgunder.

Gesamtbewertung
Stärke: 7 – Gleichmäßigkeit: 8 – Charakter: 8,5.

Churchill – Dominikanische Republik

MONTECRISTO CORONAS GRANDES

Länge: 146 mm (5 ¾ in.)
Ringmaß: 48 (19 mm)
Körper: Rund
Aufmachung: Traditionelle Kiste mit 25 Stück, einzeln in Zellophanhülle

Aussehen
Die Farbpalette dieser schönen Zigarre reicht von goldgelb bis zu einem hellen Braun. Die dunkelbraune Bauchbinde markiert den Unterschied zur kubanischen Montecristo. Der perfekt runde Körper verleiht ihr Eleganz.

Anfühlung
Wirkt unmittelbar geschmeidig und fest, fasst sich sehr angenehm an.

Duft
Vegetarisch und waldig am Fuß und feucht-lederig am Körper. Zu diesen kurzlebigen Aromen kommt ein für diese Art von Mischung typischer Hauch von Grün.

Geschmack
Einer erstaunlichen Frische folgt eine wundervolle Milde. Die fülligen Noten fehlen fast ganz, stattdessen ein angenehm rundes waldiges Aroma. Zu schnelles Rauchen führt leicht zu Überhitzung.

Genuss
Für Anfänger in diesem Format bestens geeignet. Vor einem Essen zum Appetizer ruiniert sie weder den Geschmack noch den Appetit. Sie zieht gleichmäßig und langsam. Diese Coronas Grandes sind nur in den Vereinigten Staaten und in der Dominikanischen Republik erhältlich.

Gesamtbewertung
Stärke: 6,5 – Gleichmäßigkeit: 9 – Charakter: 8,5.

Cañonazo – Kuba

COHIBA SIGLO VI

Länge:	150 mm (5 ⅞ in.)
Ringmaß:	52 (20,64 mm)
Körper:	Rund
Aufmachung:	Lackiertes Kabinett mit 10 und 25 Stück, Etui mit 3 Stück, Tube

Aussehen
Wie bei Cohiba üblich, ist die Aufmachung perfekt: Sobald man das Bündel herausgenommen hat, ist man von der Schönheit insgesamt und der Feinheit des Materials beeindruckt. Immer eher seidig als fett, hat die Zigarre einen Hauch Brillanz, der ihr sehr gut steht.

Anfühlung
Die Harmonie der Maße überzeugt sofort. Die feste Struktur ist durch eine leichte Weichheit gut ausbalanciert. Der Genuss beginnt, sobald man sie in der Hand hält.

Duft
Reich an exotischer Würze, bleibt das Bukett der Siglo VI sehr animalisch und opulent im Rahmen einer milden Potenz.

Geschmack
Der Angang ist nicht aggressiv; mit den zweiten und dritten Zügen entwickeln sich reiche und volle Wohlgerüche zwischen eher waldig und eher animalisch. Die vegetarischen Nuancen geben mehr und mehr sehr speziellen Tönen von gegerbtem Leder Raum.

Genuss
Die Siglo VI ist vortrefflich hergestellt und zeigt sich immer nobel. Ihr Brand ist außerordentlich gleichmäßig. Eine Zigarre für den Abend zu einem anspruchsvollen Dinner mit großen Rhône-Weinen – und die zwei Stunden danach. Reserviert für überzeugte Liebhaber.

Gesamtbewertung
Stärke: 7,5 – Gleichmäßigkeit: 9 – Charakter: 9,5.

Doble – Kuba

TRINIDAD ROBUSTOS EXTRA

Länge: 155 mm (6 ⅛ in.)
Ringmaß: 50 (19,84 mm)
Körper: Rund
Aufmachung: Lackierte Kiste mit 12 Stück,
Etui mit 3 Stück

Aussehen
Man sieht dieser seidigen und milden Zigarre an, dass sie ein Wunderwerk der Herstellung mit einem perfekt ausgewogenen Verhältnis von Länge und Durchmesser ist. Fast immer aus goldenem Tabak, zeigt sie sich wahrhaft wie ein kleines Schmuckstück kubanischer Kunst.

Anfühlung
Sie liegt gut in der Hand und ist gleichzeitig weich und fest. Die Textur ist sehr fein und hat eine Fragilität, die die Schönheit der Maserung bewirkt.

Duft
Die waldige und frische Mischung bleibt diskret: Man wird nicht in Massivität getaucht, sondern schätzt die Eleganz des Buketts an der Oberfläche.

Geschmack
Die Robusto Extra ist sehr repräsentativ für den Beginn des dritten Jahrtausends, sehr aromatisch zwischen mild und Holztönen. Der Mittelteil ist mit fetteren und floralen Noten sehr präsent, bevor gleichbleibende Intensität – ohne würzig zu werden – einen außerordentlich flüssigen Abgang bietet.

Genuss
Im Laufe der Jahre hat sich die Robustos Extra wegen der perfekten Ausgewogenheit ihre treuen Anhänger geschaffen. Nach einer Mahlzeit oder einem Dinner gut zu rauchen, bietet sie auch dem Gelegenheitsraucher einen leichten Genuss. Man kann sie auch bestens zur sommerlichen Küche empfehlen, und sie ist der beste Begleiter für die Entspannung am Strand.

Gesamtbewertung
Stärke: 5,5 – Gleichmäßigkeit: 8,5 – Charakter: 9.

Corona Gorda – Kuba

COHIBA SIGLO IV

Länge: 143 mm (5 ⅝ in.)
Ringmaß: 46 (18,26 mm)
Körper: Rund
Aufmachung: Traditionelle Kiste mit 25 Stück

Aussehen
Der Körper ist üppig und der Aufbau majestätisch, die Deckblätter sind zumeist goldfarben bis zu dunklem Maduro, mit einigen Ausnahmen in Claro oder hellem Colorado. Die Siglo IV hat die seidige Eleganz einer großartigen, außergewöhnlich ausgewogenen Gran Corona.

Anfühlung
Diese samtige, üppige Zigarre fühlt sich gut an. Wenn man sie zu fest anfasst, ist es schwierig, den Rauch zu ziehen.

Duft
Am Kopf dominieren würzige und waldige Düfte, am Fuß eher vegetarische, aber immer sehr intensiv.

Geschmack
Die Reichhaltigkeit und Stärke der Siglo IV ist typisch für Cohiba. Die potenten, cremigen und runden Gewürzaromen bleiben mit außerordentlicher Fülle bis ins letzte Drittel erhalten. Mit ihrem langen Abgang hinterlässt die Zigarre einen nachhaltigen Eindruck auf der Zunge.

Genuss
Die Konkurrenz bei der Corona Gorda ist groß, aber die Siglo IV steht eindeutig an der Spitze, weil sie etwas Einzigartiges hat. Die Jahrgangszigarre ist etwas für erfahrene Raucher, die die konzentrierte Stärke des letzten Drittels zu schätzen wissen, und passt gut zu einem alten Armagnac.

Gesamtbewertung
Stärke: 8 – Gleichmäßigkeit: 8,5 – Charakter: 9.

• Die **Bolívar Coronas Extra** aus der gleichen Familie ist weniger raffiniert, aber stärker.

Corona Gorda – Kuba

HOYO DE MONTERREY ÉPICURE N° 1

Länge: 143 mm (5 ⅝ in.)
Ringmaß: 46 (18,26 mm)
Körper: Rund
Aufmachung: Kabinett mit 50 oder 25 Stück

Aussehen
Das halbe Rad hat etwas Besonderes, obwohl es die Épicure auch in der 25-Stück-Kabinett-Version gibt. Das Bündel mit Farben zwischen Gold, Maduro und einigen hellgrünen Varianten spricht für sich.

Anfühlung
Die perfekte Balance zwischen Durchmesser und Länge betont die gut anzufühlende seidige Rundheit. Ein Modell mit beeindruckender Präsenz.

Duft
Ihr Duft ist sehr intensiv, mit einem prononciert floralen Aroma, das manchmal einen dafür typischen trockenen grünen Hauch hat. Die zweite Welle ist mit reichen Kakao-Noten tiefer.

Geschmack
In der Tradition der Marke verschwimmen die ersten, sehr vegetarischen Züge sanft. Erst im zweiten Drittel beginnt die entfaltete, cremige Fülle mit den waldigen Aromen zu verschmelzen. Das letzte Drittel ist noch ein wenig konzentrierter.

Genuss
Wie die N° 2 (Robusto), die lange geführt hat, verdient die Épicure N° 1 einen Spitzenplatz. An einem Sommerabend ist sie ideal zu einem fruchtigen Weißwein oder nach dem Lunch und wird nie langweilig.

Gesamtbewertung
Stärke: 6 – Gleichmäßigkeit: 9 – Charakter: 8,5.

• *Die **Punch-Punch de Luxe** aus der gleichen Familie ist ähnlich leicht, aber grasiger und erdiger.*

Corona Gorda – Kuba

H. UPMANN MAGNUM 46

Länge: 143 mm (5 ⅝ in.)
Ringmaß: 46 (18,26 mm)
Körper: Rund
Aufmachung: Kabinett mit 25 Stück

Aussehen
Ein Bündel von Gran Coronas in seiner ganzen Herrlichkeit: Sie ist herausragend gearbeitet und deckt die Palette von Claro zu Colorado ab.

Anfühlung
Die Magnum 46 ist ein festes, doch geschmeidiges Schwergewicht. Besonders fett, seidig, aber nicht samtig, hinterlässt sie auf dem Wachspapier manchmal eine Spur Öl.

Duft
Dieser Grand Seigneur verbreitet waldige, delikat würzige Düfte, die einen Kern von Kakao mit tiefen Noten nach leicht gegerbtem Leder haben. Das Bukett ist eine unwiderstehliche Versuchung.

Geschmack
Nach zaghaftem Beginn entwickeln sich waldige Gewürze mit einem exotischen Akzent. Das Finale ist füllig und rund, fast schon schwer. Eine typische H. Upmann.

Genuss
Ihre Schönheit verdankt sie vor allem ihrer Homogenität und Konsistenz. Dass sie so schwer zu bekommen ist, trägt auch zu ihrem Ruf bei den Aficionados bei. Sie wird wegen ihrer aromatischen Fülle gepriesen. Bestens nach Fisch oder Geflügel.

Gesamtbewertung
Stärke: 7 – Gleichmäßigkeit: 9 – Charakter: 9,5.

• Die limitierte Serie der **H. Upmann Super Coronas** aus der gleichen Familie zeichnet sich durch große Regelmäßigkeit und Qualität aus.

Corona Gorda – Kuba

JUAN LÓPEZ SELECCIÓN N° 1

Länge: 143 mm (5 ⅝ in.)
Ringmaß: 46 (18,26 mm)
Körper: Rund
Aufmachung: Kabinett mit 25 Stück

Aussehen
Ein Bündel dieser Zigarren strahlt Reinheit und Integrität aus. Es gibt keine Bauchbinde. Die Deckblätter sind im Allgemeinen Claro oder Colorado-Claro, gelegentlich Maduro. Die runden Köpfe sind sehr konsistent.

Anfühlung
Eher seidig als ölig, mit einem robusten Gefühl von Geschmeidigkeit und perfekter Porosität. Der runde Kopf und der Fuß sind leicht fest, ohne zu kompakt zu wirken. So klar wie die Textur ist ihr Duft.

Duft
Am Fuß sind die Düfte direkt, voll, rund und kakaohaltig. Sie entwickeln sich von waldigen Regionen mit einem Leder-Hintergrund zu einem aromatischen Feuerwerk.

Geschmack
Üppiges Aroma von Beginn an, eine vegetarisch-erdige Mischung. Das letzte Drittel entfaltet waldige Aromen mit einem feucht-würzigen Hauch.

Genuss
Unzweifelhaft eine der Kronjuwelen der Corona Gorda. Sie langweilt dank ihres wunderbaren Brandes nie, schon eine Ausnahme bei dem Format. Perfekt zu exotischer Küche.

Gesamtbewertung
Stärke: 7,5 – Gleichmäßigkeit: 8,5 – Charakter: 9.

Corona Gorda – Kuba

PUNCH ROYAL SELECTION N° 11

Länge:	143 mm (5 ⅝ in.)
Ringmaß:	46 (18,26 mm)
Körper:	Rund
Aufmachung:	Kabinett mit 25 Stück

Aussehen
Die Präsentation ergänzt die feine Machart dieser jungen, eleganten Zigarre. Die Farbpalette reicht von sehr hellem Claro über Grüntöne bis zu dunklem Braun.

Anfühlung
Geschmeidig und dicht, zugleich mit glatten Deckblättern. Sehr balanciert und perfekt rund, nimmt sich diese Gran Corona gut in die Hand.

Duft
Das sehr florale, leicht füllige Bukett ist untypisch für eine Punch. Der Duft bekommt durch einen reifen vegetarischen Ton mit einer erdigen Note seine Intensität.

Geschmack
Sie beginnt blumig rund, honigartig, kongenial und nicht von Gewürzen gestört und ergänzt sich sehr originell mit erdig frischen Noten, die die Fülle ausbalancieren.

Genuss
Die aromatische Komplexität dieser unzweifelhaft großen Havanna spiegelt die Schlichtheit ihres Aufbaus wider. Ihre Anhänger sehen sie nach so langer Zeit wieder gern auf dem Markt. Man genießt sie nach einem gegrillten Seebarsch zu fruchtigem Weißwein draußen an einem Sommerabend. Unvergesslich.

Gesamtbewertung
Stärke: 7 – Gleichmäßigkeit: 9 – Charakter: 9,5.

Corona Gorda – Kuba

PUNCH PUNCH-PUNCH

Länge: 143 mm (5 ⅝ in.)
Ringmaß: 46 (18,26 mm)
Körper: Quadratisch bei 25 Stück, rund bei 50 Stück
Aufmachung: Kabinett mit 50 Stück, traditionelle Kiste mit 25 Stück

Aussehen
Der Klassiker par excellence! Mit Deckblättern zwischen Claro und Colorado. Dieses Corona-Gorda-Format hat für alle etwas Beruhigendes, die weniger zu großen Zigarren neigen.

Anfühlung
Markant ist die Weichheit (zumindest, wenn sie nicht zu fest gerollt wurde). Sie liegt gut und sehr elegant in der Hand und hat einen öligen Charakter, gelegentlich leicht körnig mit einer ein wenig zu dicken Haut.

Duft
Die Punch-Punch ist die floralste in der großen Familie von Zigarren mit üppigem und erdigem Charakter. Bei identischem Körper könnte man sie leicht mit der Épicure N° 1 von Hoyo de Monterrey verwechseln. Sie beeindruckt durch eine gewisse spürbare Frische, wie Landluft zu Beginn des Frühlings.

Geschmack
Die ersten frischen und vegetarischen Züge geben die Richtung vor: Es zeigen sich Aromen reifer Früchte, die nie vollmundig oder stark werden. Das ist ihr ganzer Charme. Ein Hauch von Fettigkeit verleiht ihr eine gewisse Rundheit.

Genuss
Diese schöne Zigarre ist keine Novität und in den letzten fünfzehn Jahren auch nicht durch einen Zugewinn an aromatischer Subtilität »aufgehübscht« worden. Sie vereint also Klassizität mit originellem Geschmack.

Gesamtbewertung
Stärke: 6 – Gleichmäßigkeit: 8 – Charakter: 9.

Corona Gorda – Kuba

RAFAEL GONZÁLEZ CORONAS EXTRA

Länge: 143 mm (5 ⅝ in.)
Ringmaß: 46 (18,26 mm)
Körper: Quadratisch
Aufmachung: Traditionelle Kiste mit 25 Stück

Aussehen
Die schön gleichförmige, rassige Zigarre umhüllt sich mit Deckblättern von Claro zu Colorado. Sie ist nie sehr fett und hat eine seidige, konsistente, leicht strenge Eleganz.

Anfühlung
Gerade und aufrecht ist das Motto dieser Coronas Extra. Hinsichtlich Geschmeidigkeit und Dichte Perfektion durch und durch.

Duft
Der äußerst aromatische Duft erinnert an die Montecristos der 1960er-Jahre. Reichhaltige Noten geben dem waldigen und floralen Kern Intensität. Hinreißend.

Geschmack
Das konsistente, üppige Aroma gewinnt beim Rauchen an Reichhaltigkeit. Eine gewisse Frische paart sich mit runden, entfalteten waldigen Noten. Die Zigarre überhitzt nie und wird nie bissig, sie bleibt höflich von Anfang bis Ende.

Genuss
Obwohl die Rafael González von vielen Liebhabern traditioneller Havannas geschätzt wird, verdient sie größere Beachtung. Dem mag die geringe Produktion entgegenstehen. Gut geeignet für Empfänge, wo ihr Duft Aufmerksamkeit auf sich ziehen dürfte.

Gesamtbewertung
Stärke: 7 – Gleichmäßigkeit: 8 – Charakter: 9.

Corona Gorda – Kuba

EL REY DEL MUNDO GRAN CORONAS

Länge: 143 mm (5 ⅝ in.)
Ringmaß: 46 (18,26 mm)
Körper: Quadratisch
Aufmachung: Halblackierte Kiste mit 25 Stück

Aussehen
Im Allgemeinen mehr Maduro als die anderen Zigarren dieser Marke. Die Gran Coronas ist gleichmäßig und ähnlich denen von Punch oder Rafael González. Weniger fett, ist sie ein ebenso schönes Produkt.

Anfühlung
Leicht trocken und geschmeidig, rundet sich der quadratische Körper mit der Zeit. Mit ihrem schönen Gleichgewicht von Länge und Durchmesser liegt sie gut in der Hand. Etwas fragil ist die Feinheit des Mantels.

Duft
Leicht floral und glanzlos, zeigt sich im Hintergrund ein gradliniger Duft von charmanten Noten nach gerösteten Haselnüssen.

Geschmack
Leicht und angenehm. Zwar ist der Anfang ein wenig trocken, aber dann entwickeln sich immer mehr waldige Noten, die durchgehend diskret bleiben. Das Finale ist kräftiger, aber ohne die Noten zu forcieren, die den leichten Genuss ausmachen. Auch der süßliche Aspekt hat eine starke Anziehungskraft.

Genuss
Wenn diese Marke auch im Schatten der großen steht, bleibt ihre Corona Gorda doch eine exzellente Tageszigarre, die man zur Entspannung oder bei der Arbeit rauchen kann. Ganz sicher ist sie keine Perle des gehobenen Genusses, aber für den Anfänger nach einem Essen ein guter Einstieg.

Gesamtbewertung
Stärke: 5 – Gleichmäßigkeit: 7 – Charakter: 8.

Corona Gorda – Kuba

SAINT LUIS REY SÉRIE A

Länge:	143 mm (5 ⅝ in.)
Ringmaß:	46 (18,26 mm)
Körper:	Rund
Aufmachung:	Traditionelle Kiste mit 25 Stück, Kabinett mit 50 Stück

Aussehen
Das halbe Rad ist mit beispielhafter Rundheit perfekt von Kopf bis Fuß. Die Farbpalette reicht von Claro mit grünen Zwischentönen bis zu dunklem Maduro.

Anfühlung
Die leicht samtigen Deckblätter umhüllen einen erstaunlich kompakten Körper. Diese besondere Qualität gibt es nur in der Kabinett Selection, nicht in der Kiste mit 25 Stück – ein Hinweis darauf, wie schwer Spitzenqualität bei handgemachten Produkten zu garantieren ist.

Duft
Die verführerischen Kakaodüfte des Anfangs öffnen sich zu eher floralen Noten, die bei den jüngeren Exemplaren zu einer fermentierten Süße tendieren. Dann erscheinen waldig trockene Aromen mit einem grünen Charakter.

Geschmack
Reichhaltig, rund und cremig ohne übertriebene Stärke, bietet sie einen gut komponierten Geschmack. Der Beginn ist leichter, die Mitte würziger, das Finale nobel.

Genuss
Diese hübsche Corona Gorda passt zu vielen Geschmäckern und Gelegenheiten, ohne sich vorzudrängen. Mit ihrem langen Abgang raucht sie sich gut nach einem Lunch oder Dinner.

Gesamtbewertung
Stärke: 7,5 – Gleichmäßigkeit: 8 – Charakter: 8,5.

Corona Gorda – Kuba

SAN CRISTÓBAL DE LA HABANA LA FUERZA

Länge: 143 mm (5 ⅝ in.)
Ringmaß: 46 (18,26 mm)
Körper: Quadratisch
Aufmachung: Traditionelle Kiste mit 25 Stück

Aussehen
Diese majestätische Gran Corona ähnelt einer Double Corona, der das letzte Drittel fehlt. Sie ist etwas stämmiger als ihre Artgenossen und in Colorado, nie in Maduro gehalten.

Anfühlung
Fest, dick und manchmal ein wenig zu fest gerollt, ist sie trotz des Umfangs nicht einfach zu rauchen. Mit ihrer Gleichmäßigkeit und Üppigkeit liegt sie dennoch angenehm in der Hand.

Duft
Wie die El Morro ist die La Fuerza im ersten Drittel sehr diskret und wird dann mit waldigen Aromen verführerisch rund. Sie sollte nicht mit einer Churchill verwechselt werden.

Geschmack
Wenn sie nicht zu fest gerollt wurde, sehr befriedigend, anfangs krautig und frisch. Dann kommen subtile, klassisch waldige und üppige Noten. Das geschmackvolle Finale lässt den mühsamen Beginn vergessen.

Genuss
Diesem talentierten Newcomer sollte man vor einem endgültigen Urteil noch Zeit geben. Es wird interessant sein, in einigen Jahren die jungen mit den gereiften Zigarren zu vergleichen.

Gesamtbewertung
Stärke: 7 – Gleichmäßigkeit: 8,5 – Charakter: 9.

Edmundo – Kuba

MONTECRISTO EDMUNDOS

Länge: 135 mm (5 ⅜ in.)
Ringmaß: 52 (20,64 mm)
Körper: Rund
Aufmachung: Unlackierte Kiste mit 25 Stück,
Etui mit 3 Stück, Tube

Aussehen
Eine schöne Kiste schützt die stark dickbäuchigen und sehr appetitlichen Zigarren. Sie sind äußerst gleichmäßig mit Farbtönen zwischen klarem Claro und Colorado-Claro.

Anfühlung
Eher weich als geschmeidig mit einem fleischigen Körper, füllen die Edmundos die Hand und beeindrucken durch ihre Präsenz. Sie sind seidig und glatt und verführen schon beim Anfassen.

Duft
Frisch und sympathisch beginnt es mit grünem Tee, der beruhigt und zum Genuss einlädt.

Geschmack
Die Edmundos ist die Inkarnation eines neuen Stils in der traditionellen Linie dieser großen Marke: Die vegetarischen und waldigen Noten bieten mit den ersten Zügen ein sehr leichtes aromatisches Spektrum, bevor es voller wird und sich in Richtung auf frisches Leder entwickelt.

Genuss
Eine große Zigarre im Reich der Robustos. Montecristo hat sich damit den Aromen und Geschmäckern einer ganzen Generation von Liebhabern angenähert, die hier eine wunderbar »multifunktionale« Zigarre finden, die zu jeder Tageszeit passt.

Gesamtbewertung
Stärke: 5 – Gleichmäßigkeit: 7,5 – Charakter: 9,5.

Hermoso N° 4 – Kuba

H. UPMANN CONNOISSEUR N° 1

Länge: 127 mm (5 in.)
Ringmaß: 48 (19,05 mm)
Körper: Rund
Aufmachung: Kabinett mit 25 Stück

Aussehen
Das Bündel mit 25 Exemplaren tendiert zu Colorado-Claro-Farben. Die bestens gebaute Robusto ist äußerst gleichmäßig und fordert den Spitzenplatz der Hoyo de Monterrey Épicure N° 2 in dieser Kategorie heraus.

Anfühlung
Die glatten, ein wenig seidigen Deckblätter umhüllen einen dichten, leicht gerollten geschmeidigen Körper, der manchmal etwas kraftlos wirkt. Ein Juwel der Zigarrenkunst.

Duft
Ein frühlingshaftes, sehr florales und nie zu schweres Bukett. Der üppig cremige Körper erinnert an Rinderbrühe, manchmal mit einem Hauch jungen Leders. Der Duft ist ein reines Vergnügen, immer präsent und nie berauschend.

Geschmack
Immer leicht, nie langweilig, bietet die Connoisseur N° 1 eine füllige aromatische Palette leichter waldiger Aromen mit exotischen Nuancen. Der frische Beginn endet in einem fruchtigen Finale und versinkt nie in Belanglosigkeit.

Genuss
Dieser delikate und leicht erhältliche Begleiter kann den ganzen Tag über genossen werden. Die Zigarre stand zu lange im Schatten. Die Reife sollte ausreichend, muss aber nicht zu extensiv sein.

Gesamtbewertung
Stärke: 6 – Gleichmäßigkeit: 9 – Charakter: 8,5.

Hermoso N° 4 – Kuba

EL REY DEL MUNDO
CABINET SELECCIÓN CHOIX SUPRÊME

Länge: 127 mm (5 in.)
Ringmaß: 48 (19,05 mm)
Körper: Rund
Aufmachung: Kabinett mit 50 Stück,
traditionelle Kiste mit 25 Stück

Aussehen
Diese fast blonde Robusto ähnelt der Romeo y Julieta Exhibición N° 4 und der Saint Luis Rey Regios.

Anfühlung
Diese seidige und glatte Zigarre ist die einzige ihres Formats, die eine perfekte Kombination von Konsistenz, Geschmeidigkeit und Flexibilität bietet.

Duft
Das florale Bukett ohne würzige oder herbe Noten verströmt eine milde Frische, die für Zigarren ungewöhnlich ist.

Geschmack
Es werden frische und cremige Noten freigesetzt, die einen salzigen Geschmack auf den Lippen hinterlassen. Das gleichmäßig elegante Aroma ermüdet nie. Kein Zweifel, ein Charmeur.

Genuss
Die Choix Suprême gibt es seit mehr als 40 Jahren. Sie wird heute als ausgezeichneter Einstieg für den epikureischen Novizen anerkannt. Alte Hasen schätzen sie am Morgen, nach dem Lunch oder als zweite Abendzigarre. Lange Reife macht sie nicht besser, die Kabinett-Selection ist aromatischer.

Gesamtbewertung
Stärke: 6 – Gleichmäßigkeit: 8 – Charakter: 8,5.

Hermoso N° 4 – Kuba

ROMEO Y JULIETA EXHIBICIÓN N° 4 CABINET SELECCIÓN

Länge: 127 mm (5 in.)
Ringmaß: 48 (19,05 mm)
Körper: Rund
Aufmachung: Kabinett mit 50 Stück, traditionelle Kiste mit 25 Stück

Aussehen
Dieses Bündel von blassen bis gelben Goldfarben, perfekt runden Köpfen und Füßen und einem leicht bauchigen Körper sowie großer Einheitlichkeit spricht für sich selbst.

Anfühlung
Mit seiner feinen Porosität hat der Körper eine weiche Geschmeidigkeit, die mehr Festigkeit gewohnte Aficionados irritieren kann. Gutes Handgefühl.

Duft
Ein gleichmäßig frisches, sehr florales rundes Bukett, am Kopf ein subtiler Hauch von frischem Holz. Üppig und modern.

Geschmack
Vom ersten Zug an aromatisch, entfaltet sie sich mit großer Frische. Sehr waldige Aromen dominieren das erste Drittel, erdige und Röstnoten übernehmen das zweite. Auch bei heftigem Ziehen bleibt die Frische und gewinnt an Rundheit. Das Finale ist eine Tour de Force.

Genuss
Diese Zigarre ist eine spontane Versuchung nach einem Sommer-Lunch oder zu einem Stück Schokolade in den Bergen wert. Man lehne sich zurück und …

Gesamtbewertung
Stärke: 6,5 – Gleichmäßigkeit: 7,5 – Charakter: 8,5.

• *Die **Vegas Robaina Famosos** aus der gleichen Familie ist ebenso geschmackvoll und ausgewogen.*

Hermoso N° 4 – Kuba

SAINT LUIS REY REGIOS

Länge: 127 mm (5 in.)
Ringmaß: 48 (19,05 mm)
Körper: Rund
Aufmachung: Kabinett mit 50 Stück,
traditionelle Kiste mit 25 Stück

Aussehen
Das halbe Rad ist für sich eine Erfahrung von Rundheit. Diese hübsche Zigarre zeigt sich in Claro oder Colorado.

Anfühlung
Die leicht füllige Textur ist eher seidig als fett. Sie fühlt sich geschmeidig als auch fest an und vermittelt, wie alle bauchigen Zigarren, ein gutes Handgefühl.

Duft
Das anfänglich florale Bukett entwickelt dann eine abgerundete milde Würzigkeit mit grünen und vegetarischen Noten.

Geschmack
Der Brand ist störungsfrei, aber die Zigarre benötigt Zuwendung, bevor sie ihren vollen Geschmack entfaltet. Die etwas herben Noten des Anfangs öffnen sich zu mehr waldigen, runden Aromen mit großer Frische bis zum Ende.

Genuss
Diese Robusto nahm mit der Popularität des Formats in den 1980er-Jahren ihren Platz neben der Romeo y Julieta Exhibición N° 4 und der H. Upmann Connoisseur N° 1 ein. Gut geeignet nach dem Lunch, wenn man eine Stunde Zeit hat.

Gesamtbewertung
Stärke: 7,5 – Gleichmäßigkeit: 7 – Charakter: 8.

Robusto – Dominikanische Republik

VEGA FINA ROBUSTOS

Länge: 125 mm (4 ⅞ in.)
Ringmaß: 48 (19,05 mm)
Körper: Rund
Aufmachung: Traditionelle Kiste mit 25 Stück

Aussehen
Die leicht seidige, sehr gleichmäßige Robusto in Colorado ist perfekt ausgewogen. Die goldene und weiße Bauchbinde trägt die Initialen VF.

Anfühlung
Eine wohlproportionierte Zigarre mit einem geschmeidigen Äußeren und einem knisternden Innenleben. Eine schöne Form, bei der die Rundheit des Kopfes mit der des Bauches korrespondiert, die gut in der Hand liegt.

Duft
Ein mildes, aromatisches und leicht waldiges Bukett, das sich schnell verflüchtigt.

Geschmack
Wie alle leichten und milden Zigarren, ist diese Robusto im ersten Drittel eine Mischung aus Geschmack und Milde. Dann entwickeln sich flüchtige Waldaromen.

Genuss
Diese Vega Fina bereichert die Geschmackspalette der großen Robusto-Familie. Sie bietet der Zunge ein sich langsam entfaltendes Aroma, das die Fülle des Finales hervorhebt. Sie überfordert die Geschmacksknospen nie und ist gut als zweite Abendzigarre oder tagsüber bei der Arbeit, wo sie Nichtraucher kaum stört.

Gesamtbewertung
Stärke: 6 – Gleichmäßigkeit: 8,5 – Charakter: 7,5.

Robusto – Kuba

BOLÍVAR ROYAL CORONAS

Länge: 124 mm (4 ⅞ in.)
Ringmaß: 50 (19,84 mm)
Körper: Quadratisch
Aufmachung: Traditionelle Kiste mit 25 Stück

Aussehen
Dieser stämmige quadratische Typ mit seinen fast scharfen Kanten und der Bauchbinde im Stil des 19. Jahrhunderts ist unverwechselbar. Die sehr gleichmäßige Form ist in warmtönige Colorado-Deckblätter gehüllt.

Anfühlung
Sie hinterlässt einen dünnen Ölfilm als Zeichen einer vollen, gut gemachten Zigarre und fühlt sich leicht fleischig und rau an.

Duft
Für Bolívar untypisch, duftet sie eher süß und rund. Der schwächere Duft des Körpers hat Ledernoten, der Fuß ist grasiger und frischer. Beide Noten sind nicht lang anhaltend.

Geschmack
Fleischig präsent, ohne Schwere mit einem gleichmäßigen Brand. Nach dem sehr waldigen Beginn folgen subtil würzige und wohlschmeckende Töne. Im Ganzen harmonisch und ausgewogen.

Genuss
Die Royal Coronas wird von Aficionados geschätzt, die keine ausgeprägte Stärke lieben, und passt gut zu einem leichten Lunch oder zur Entspannung. Ein Glas Wasser hilft bei dem irgendwie trockenen Finale.

Gesamtbewertung
Stärke: 7 – Gleichmäßigkeit: 6,5 – Charakter: 8.

Robusto – Kuba

COHIBA ROBUSTOS

Länge: 124 mm (4 ⅞ in.)
Ringmaß: 50 (19,84 mm)
Körper: Rund
Aufmachung: Lackiertes Kabinett mit 25 Stück

Aussehen
Mit ihrer goldenen oder roterdigen Farbe macht sich diese Robusto überall bemerkbar. Die Art déco-Bauchbinde und die bauchige Form tragen dazu bei.

Anfühlung
Das Bündel schmeichelt mit seiner vollen, öligen Textur und robusten Form der Hand. Dieses typisch rustikale Format gewinnt durch seine überragende Geschmeidigkeit zugleich an Eleganz.

Duft
Das besondere Bukett ist reich und aromatisch mit würzigen Honignoten. An Fuß und Kopf zeigt sich auch ein Hauch von Leder.

Geschmack
Von Anfang an ist das volle Aroma von einem würzigen und waldigen Geschmack mit großer Finesse geprägt. Im letzten Drittel drängen sich Amber, Frucht und Honig als eine betörende Alchemie in den Vordergrund.

Genuss
Wenn es auch Klagen über den hohen Preis gibt, so ist diese brillante Robusto der Stoff, aus dem die Mythen sind. Man genieße sie nach einem exquisiten Mahl zu einem körperreichen Wein.

Gesamtbewertung
Stärke: 8 – Gleichmäßigkeit: 8,5 – Charakter: 8.

Robusto – Kuba

JUAN LÓPEZ SELECCIÓN N° 2

Länge: 124 mm (4 ⅞ in.)
Ringmaß: 50 (19,84 mm)
Körper: Rund
Aufmachung: Kabinett mit 25 Stück

Aussehen
Mit ihren seidigen und fetten Deckblättern verbreitet sie den Charme der »dicken Zigarre«. Es gibt sie in Claro und Maduro. Am schönsten ist sie in den roten Tönen von Colorado.

Anfühlung
Rundum Perfektion. Gut in der Hand, dick und glatt, mit einer leichten Weichheit, die ihr steht.

Duft
Der intensive Beginn scheint zu einer sehr starken Zigarre zu gehören, die diese Robusto aber nicht ist. Jung hat sie intensive Schokoladen-Aromen, die zu raffinierten Leder- und Pfeffernoten reifen.

Geschmack
Der gleichmäßige Brand setzt sofort eindrucksvolle Impressionen frei. Zunächst prononciert vegetarisch, wird es schnell halberdig und halbwaldig, ohne die Zunge zu überfordern. Zu heftiges Ziehen führt zu Überhitzung.

Genuss
Diese erstaunliche Havanna ist sofort mit ihrer virtuosen aromatischen Aufmachung da. Man wünscht sich, sie wäre länger. Die Selección N° 2 ist in ihrer reichhaltigen Ausgewogenheit nach einer Mahlzeit oder nur so am Tage ein Genuss.

Gesamtbewertung
Stärke: 7 – Gleichmäßigkeit: 7,5 – Charakter: 9.

Robusto – Kuba

PARTAGÁS SÉRIE D N° 4

Länge: 124 mm (4 ⅞ in.)
Ringmaß: 50 (19,84 mm)
Körper: Rund
Aufmachung: Unlackierte Kiste mit 25 Stück

Aussehen
Diese rassige, runde und markante Robusto kommt in elegantem, vollem Maduro daher.

Anfühlung
Eher füllig als geschmeidig, seidig und am Fuß dichter gerollt als im Körper.

Duft
Das absolut würzige Bukett ist schon anfangs mächtig und nichts für Anfänger. Die abgerundeten vollen Noten vor einem leicht waldigen Hintergrund sind von Leder und einem Hauch grünen Pfeffers geprägt.

Geschmack
Ein perfekter Brand liefert einen Überfluss an Aromen sowohl zwischen frisch und schwer als auch zwischen Erdigkeit und Leder mit Waldboden. Sie neigt nicht zu Überhitzung. Komplexität und Intensität dürften unerfahrene Raucher überfordern.

Genuss
Die D N° 4 wurde wegen ihrer Komplexität lange kaum verstanden und stand im Abseits, wird jetzt aber voll anerkannt. Ihre Reichhaltigkeit, Konsistenz und berauschende Schwere sind wirklich außergewöhnlich und nach dem Essen unvergesslich.

Gesamtbewertung
Stärke: 9 – Gleichmäßigkeit: 9,5 – Charakter: 10.

• *Die hoch aromatische und meisterhafte* **Montecristo Millennium 2000** *aus der gleichen Familie ist bereits ein Sammlerstück.*

Robusto – Kuba

RAMÓN ALLONES
SPECIALLY SELECTED

Länge:	124 mm (4 ⅞ in.)
Ringmaß:	50 (19,84 mm)
Körper:	Quadratisch
Aufmachung:	Traditionelle Kiste mit 25 Stück

Aussehen
Braun, flachbauchig und rund an den Kanten, strahlt diese Robusto ihren Anspruch aus. Die leicht roten und dunkelbraunen Farbtöne stehen ihr am besten.

Anfühlung
Der feste Körper ist nicht zu hart. Sie ist öliger als ihre nahe Verwandte, die Partagás D N° 4.

Duft
Das lang anhaltende Aroma betont Gewürze vor einem Kakao- und Karamell-Hintergrund. Ausreichend gereift, kommen im honigartigen Körper lederige und reichhaltig würzige Noten hinzu.

Geschmack
Diese Robusto ist ein authentischer Vertreter der Tradition, geradlinig und komplex. Der Geschmack übertrifft den Duft. Die Würzigkeit ist mit dem ersten Zug da, abgerundete, volle und außerordentlich wohlschmeckende Noten mischen sich dazu.

Genuss
Ideal zu rustikalen Gerichten wie Schmorbraten oder Frikassee. Zu kurz, um mit einem guten Rum mitzuhalten, aber sehr gut zu einem fruchtigen roten Burgunder mit Tannin.

Gesamtbewertung
Stärke: 9 – Gleichmäßigkeit: 8,5 – Charakter: 10.

Robusto – Kuba

ROMEO Y JULIETA SHORT CHURCHILLS

Länge:	124 mm (4 ⅞ in.)
Ringmaß:	50 (19,84 mm)
Körper:	Quadratisch
Aufmachung:	Halblackierte Kiste mit 25 oder 10 Stück, Etui mit 3 Stück in der Tube

Aussehen
Mit leicht goldbraunen und feinen Deckblättern wird die Vorstellung eines einladenden Frühsommermorgens hervorgerufen.

Anfühlung
Sehr sanft mit einem Schuss Seidigkeit, die den Charme dieser Robusto ausmacht, liegt sie nicht fest, sondern geschmeidig in der Hand und zeichnet sich durch große Gleichmäßigkeit aus.

Duft
Das florale, distanzierte Bukett weist hinreichend auf den Geschmack hin und hat etwas von leicht süßem Pfefferminztee.

Geschmack
Die Short Churchills schmeckt leicht und belastet den Gaumen nicht lange. Sie hat eine gradlinige und durchgehend abgerundete Leichtigkeit im floralen Bereich.

Genuss
Eine Zigarre für den Frühling: Frisch und aromatisch, ist sie zu jeder Tageszeit vor allem leicht zu genießen, besonders auch zum Aperitif, wo sie ihre bemerkenswerte Stärke zeigt.

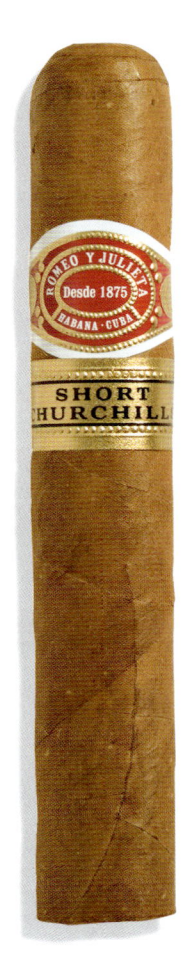

Gesamtbewertung
Stärke: 3 – Gleichmäßigkeit: 8 – Charakter: 9.

Dalia – Kuba

COHIBA SIGLO V

Länge: 170 mm (6 ⅝ in.)
Ringmaß: 43 (17,07 mm)
Körper: Rund
Aufmachung: Lackiertes Kabinett mit 25 Stück

Aussehen
Form und Haltung wie ein alter britischer Kolonialoffizier oder auch einfach von großer Schönheit in seidigen Deckblättern. Nach unserer Kenntnis die einzige Lonsdale, die als Kabinett mit 25 Stück erhältlich ist.

Anfühlung
Mit ihrer feinen öligen Textur ist diese Siglo V ebenso elegant anzufühlen wie anzusehen, wozu auch eine gewisse Geschmeidigkeit beiträgt.

Duft
Das üppige Bukett ist rund und floral. Der Körper verbreitet Düfte neuen Leders, der Fuß hat milde Gewürztöne und honigartige vegetarische Noten. Am Kopf kommt das typisch konzentrierte Aroma einer Havanna.

Geschmack
Aromatische Fülle in schweren floralen Tönen von Beginn an. Die komplexe würzige Mischung vertieft sich im zweiten Drittel, wozu auch der nie überhitzende Brand beiträgt. Zu jung können sie ein wenig scharf sein.

Genuss
Richtig gereift, wird die Siglo V elegant. Perfekt nach einem guten Mahl oder beim Lesen am Nachmittag.

Gesamtbewertung
Stärke: 8 – Gleichmäßigkeit: 8,5 – Charakter: 9.

Dalia – Kuba

LA GLORIA CUBANA MÉDAILLE D'OR N° 2

Länge: 170 mm (6 ⅝ in.)
Ringmaß: 43 (17,07 mm)
Körper: Rund
Aufmachung: Halblackierte Kiste mit 25 Stück

Aussehen
Diese Dalia ist eine Mischung aus der Reichhaltigkeit einer Churchill und der Eleganz einer Lonsdale. In der Farbe im Allgemeinen golden und gelegentlich dunkles Colorado, erinnert sie in der eleganten 8-9-8-Aufmachung an die Partagás 8-9-8 Cabinet Selection Verni.

Anfühlung
Nicht weich, sondern fest und sehr strukturiert, erscheint die Médaille d'Or N° 2 manchmal ein wenig eng gerollt. Der Tabak ist von allererster Qualität.

Duft
Ein eher waldig erdiges Gewürzbrot-Aroma unterscheidet diese Zigarre von der Partagás 8-9-8 Verni.

Geschmack
Stärke, gemindert durch Reichhaltigkeit und Präsenz. Zu Beginn reife waldige und würzige Aromen im Vordergrund. Dann liefert diese rassige Zigarre ihre berauschenden Höhepunkte bis zum Finale.

Genuss
Mit ihrer üppigen Milde und Potenz krönt sie ein exquisites Mahl. Unerfahrene Zungen könnten überwältigt sein.

Gesamtbewertung
Stärke: 9 – Gleichmäßigkeit: 8 – Charakter: 8,5.

• *Die oben erwähnte* **Partagás 8-9-8 Cabinet Selection Verni** *aus der gleichen Familie ist betörend. Dies gilt auch für die klassische Stärke der* **Partagás de Partagás N° 1** *– sehr kraftvoll und von großer Klasse.*

Dalia – Kuba

PARTAGÁS 8-9-8 VERNI

Länge:	170 mm (6 ⅝ in.)
Ringmaß:	43 (17,07 mm)
Körper:	Rund
Aufmachung:	Lackierte Kiste mit 25 Stück

Aussehen
Die Präsentation in drei Reihen mit 8, 9 und 8 Zigarren wurde von Partagás erfunden und dann von Ramón Allones und La Gloria Cubana nachgemacht. Hier wird der Wert durch Colorado-Maduro- und Colorado-Claro-Tabake unterstrichen.

Anfühlung
Eine Lage ohne Beschädigung herauszunehmen, ist ein gefährliches Unterfangen, aber eine Zigarre in der Hand zu halten, ist ein Vergnügen. Die üppige Seidigkeit nimmt sofort für sie ein.

Duft
Der Körper verströmt eine sehr präsente Schärfe, während die Aromen am Fuß viel subtiler sind. Es handelt sich um eine Mischung aus Gewürzen und Leder, die sich in einigen Jahren zu einem Duft nach Gewürzbrot entwickeln mag.

Geschmack
Die Fülle liegt im Gewürzspektrum, das nach den ersten Ringen eher fett wird und im schwereren Bereich endet. Die bemerkenswerte Mischung klassischer und exotischer Geschmäcker kann ein Albtraum werden, wenn die Zigarre schlecht aufbewahrt wurde.

Genuss
Ein Starverteidiger seiner selbst ... Dieser große Klassiker der 1960er-Jahre hat wieder seine Klienten gefunden. Gut nach einer kräftigen Mahlzeit, weniger gut passend zur leichten Küche. Achtung: Sie kann anstrengen. Man muss seine eigene Form finden.

Gesamtbewertung
Stärke: 9 – Gleichmäßigkeit: 7,5 – Charakter: 9.

Cervantes – Kuba

BOLÍVAR LONSDALES

Länge: 165 mm (6 ½ in.)
Ringmaß: 42 (16,67 mm)
Körper: Quadratisch
Aufmachung: Halblackierte Kiste mit 25 Stück

Aussehen
Sehr elegant, entsprechend der Tradition der Cervantes. Die Bolívar hat einen klaren Stil mit – im Allgemeinen – Maduro-Tabaken, die ihr eine unbestreitbare Strenge verleihen.

Anfühlung
Dafür gibt es drei Worte: fett, geschmeidig und fest. Fett wegen der reichhaltigen Tabake, geschmeidig aufgrund der Herstellung, fest von Kopf bis Fuß in einer gleichmäßig homogenen Struktur.

Duft
Unterholz und altes Leder mischen sich mit feuchter Erde zu einem umfassenden Ensemble. Diese Komplexität ist das Markenzeichen dieser Zigarre – im Körper untergründig und gradlinig. Ihre Aromen drängen sich beim Anzünden auf und verbreiten den Duft eines englischen Klubs.

Geschmack
Gewürznoten zeigen sich nur anfangs, dann dominiert ein fetter und feuchter Waldgeschmack. Der langsame und gleichmäßige Brand bringt jeden Abschnitt schön zur Geltung. Achtung beim sehr harmonischen Finale, das die Zunge plötzlich überfluten kann.

Genuss
Im Bereich von Zigarren »wie von früher« ist diese Lonsdales interessant, besonders als Begleiterin eines alten Rums oder Portweins nach dem Essen.

Gesamtbewertung
Stärke: 7,5 – Gleichmäßigkeit: 8 – Charakter: 7.

Cervantes – Kuba

PARTAGÁS LONSDALES CABINET SELECTION

Länge: 165 mm (6 ½ in.)
Ringmaß: 42 (16,67 mm)
Körper: Rund
Aufmachung: Kabinett mit 50 Stück, traditionelle Kiste mit 25 Stück

Aussehen
Das superbe halbe Rad der Kabinett-Selection zeigt feurig-goldene erdige Töne, die mit dem Alter nachdunkeln. Die außergewöhnlich gleichmäßigen Köpfe scheinen der Welt der Kunst zu entstammen.

Anfühlung
Die gut gebaute Zigarre ist fest und fast ein wenig zu dicht gerollt, aber mit gutem Handgefühl. Stilvoll, weder seidig noch fett.

Duft
Bei jungen Exemplaren ist der Duft eher herb und adstringierend. Mit der Reife kommen tiefere Kakao-Aromen und die würzige Stärke, für die Partagás bekannt ist.

Geschmack
Entfaltete waldige und pfefferige Aromen sind sofort auf der Zunge. Beim Rauchen erreichen die starken Wald-Aromen jede Geschmacksknospe. Das Finale gehört den Gewürznoten.

Genuss
Die Zigarren in der Kabinett-Selection reifen noch, die in der Kiste bleiben in ihrer Entwicklung stehen. Zu großen Weinen passt diese Lonsdale sehr gut. Abwechselnd ein Zug und ein Schluck – ein weihevolles Erlebnis.

Gesamtbewertung
Stärke: 9 – Gleichmäßigkeit: 6 – Charakter: 8,5.

• Aus der gleichen Familie ist die **Saint Luis Rey Lonsdales Cabinet Selection** stärker und weniger würzig.

Cervantes – Kuba

RAFAEL GONZÁLEZ LONSDALES

Länge: 165 mm (6 ½ in.)
Ringmaß: 42 (16,67 mm)
Körper: Quadratisch
Aufmachung: Traditionelle Kiste mit 25 Stück

Aussehen
Dieser große Klassiker ist von perfekter Eleganz, lang gestreckt und gut gebaut.

Anfühlung
Sie ist fest sowie füllig und der Favorit von Liebhabern kompakter Härte.

Duft
Das lieblich-florale Bukett ohne Würzigkeit ist schon fast feminin. Ein grüner Hauch gibt ihr Frische.

Geschmack
Mild und subtil am Anfang, entwickeln sich frische Aromen mit delikater Würze auf einem ledrigen Hintergrund, die immer voll da sind und den langsamen Brand vergessen machen.

Genuss
Diese inspirierende, imaginative und kreative Zigarre passt gut zum Lesen oder Musik hören, natürlich auch zu gutem Essen. Die Zunge wird nie von den Aromen zugeschüttet, sondern verfeinert ihre Wahrnehmung nur. Sehr gut zu Meeresfrüchten oder Tee und Kuchen an einem Winternachmittag.

Gesamtbewertung
Stärke: 7,5 – Gleichmäßigkeit: 8 – Charakter: 9.

• Die **El Rey del Mundo Lonsdales** *aus der gleichen Familie ist milder.*

Cervantes – Kuba

SANCHO PANZA MOLINOS

Länge: 165 mm (6 ½ in.)
Ringmaß: 42 (16,67 mm)
Körper: Quadratisch
Aufmachung: Traditionelle Kiste mit 25 Stück

Aussehen
Die Kiste wurde geändert. Die Figur des Sancho ist verschwunden. Aber die gut gebaute Zigarre mit einer großen Farbpalette und der eleganten Bauchbinde ist die Gleiche geblieben.

Anfühlung
Schnurgerade und heute sehr dicht gerollt, hat sie sich doch eine gewisse Geschmeidigkeit bewahrt. Die leicht raue, körnige Textur betont die asketische Erscheinung.

Duft
Mit der veränderten Aufmachung wurde auch das Bukett neu gewichtet. Es ist jetzt vegetarisch und grün, ohne kräftige Gewürznoten dazwischen.

Geschmack
Sie beginnt leicht vegetarisch mit einem strengen Zug. Wenn die Molinos die richtige Temperatur erreicht hat, wird sie reichhaltiger und waldiger. Das intensive letzte Drittel kann zur Überhitzung neigen. Es muss gemächlich geraucht werden.

Genuss
Die lange vernachlässigte Cervantes wird heute für ihre Reichhaltigkeit und ihren Charme gelobt. Die neue Version wird hoffentlich ebenso gut ankommen, zum Beispiel zu einem Mahl mit einem tanninhaltigen Weißwein der besseren Sorte.

Gesamtbewertung
Stärke: 7 – Gleichmäßigkeit: 6,5 – Charakter: 6,5.

Corona Grande – Kuba

COHIBA SIGLO III

Länge: 155 mm (6 ⅛ in.)
Ringmaß: 42 (16,67 mm)
Körper: Rund
Aufmachung: Lackiertes Kabinett mit 25 Stück

Aussehen
Mit ihren gleichmäßig runden Köpfen ist dies eine schöne, gut gebaute Zigarre. Mag sie auch in der Kabinett-Version länger und in der traditionellen Kiste kürzer wirken – sie ist gleichmäßig ansprechend.

Anfühlung
Konsistent und ohne zu große Festigkeit gerollt, fühlt sie sich einfach elegant an.

Duft
Bei den ersten Zügen denkt man an Felder, Farmen und bukolische Idyllen nach einem Regen an einem Sommermorgen. Der Kopf duftet nach Leder, der Körper hat etwas Staubiges. Am Fuß dominieren florale Aromen mit einem Hauch von Gewürzbrot.

Geschmack
Füllig und deshalb langsam im Brand, bringt das erste Drittel den Körper auf die richtige Temperatur. Er verbreitet dann von trockenen Noten bis zu runder Würzigkeit Wohlgeschmack. Mit angemessener Reife verwandelt sich die Stärke in eine einzigartig delikate, honigartige Reichhaltigkeit.

Genuss
Wenige Zigarren dieses Formats bieten ein solche Finesse, und wenige Jahre nach ihrer Entwicklung ist der beeindruckende Fortschritt der Siglo III bewundernswert.

Gesamtbewertung
Stärke: 7,5 – Gleichmäßigkeit: 8 – Charakter: 9.

• Die **Partagás 8-9-8 Cabinet Selection** (unlackiert) aus der gleichen Familie ist stumpfer und länger.

Corona Grande – Kuba

LA GLORIA CUBANA SABROSOS

Länge: 155 mm (6 ⅛ in.)
Ringmaß: 42 (16,67 mm)
Körper: Quadratisch
Aufmachung: Traditionelle Kiste mit 25 Stück

Aussehen
Die beeindruckend gleichmäßige Gran Corona im Stil einer Lonsdale hat Deckblätter von Claro bis Maduro mit roten Nuancen von hellem Colorado dazwischen. Der runde Kopf ist besonders gelungen.

Anfühlung
Sehr konsistent, geschmeidig und nachgiebig, selten hart. Ihre Klasse wird auch durch die Finesse ihres Tabaks bestätigt.

Duft
Das einfache, geradlinige Bukett verkörpert die Tradition der Havanna. Mild-florale Düfte schweben über schwereren, leicht pfefferigen Noten.

Geschmack
Dieser untypische Klassiker beginnt fein und entwickelt schnell starke, üppige Aromen von Honig und Pfeffer. Der gute Brand sichert eine dauerhafte Frische.

Genuss
Der Spitzentabak, die Gleichmäßigkeit und das gute Preis-/Leistungsverhältnis machen die Sabrosos zweifelsfrei zu einer guten Zigarre.

Gesamtbewertung
Stärke: 7 – Gleichmäßigkeit: 8 – Charakter: 7.

• *Die **Romeo y Julieta Coronas Grandes** aus der gleichen Familie ist frischer und direkter.*

Corona Grande – Kuba

HOYO DE MONTERREY
LE HOYO DES DIEUX

Länge: 155 mm (6 ⅛ in.)
Ringmaß: 42 (16,67 mm)
Körper: Rund
Aufmachung: Kabinett mit 50 oder 25 Stück

Aussehen
Das halbe Rad reift besser und ist deshalb der kleineren Aufmachung vorzuziehen. Man sieht ihr das Alter von 40 Jahren nicht an. Sie kommt in Goldtönen, selten dunkler, mit seidiger Textur jugendfrisch daher.

Anfühlung
Geschmeidig und fest zugleich, manchmal ein wenig zu hart, ist die Hoyo des Dieux elegant, ölig und seidig und liegt gut in der Hand.

Duft
In der Tradition von Le Hoyo ist das Bukett überwiegend floral mit beständigen Noten von Waldboden, die eine gewisse Bandbreite erzeugen.

Geschmack
Nach dem milden, runden Beginn kommen süßere und tiefere Aromen. Das Finale bietet üppige vegetarische Noten.

Genuss
Wer nach einer Zigarre im Robusto-Stil sucht, wird diese Hoyo etwas zu leicht finden. Sie hinterlässt jedoch in der traditionellen Geschmacksrichtung von Kakao, Holz, Moschus und Gewürzen einen nachhaltigen Eindruck. Gut nach dem Lunch zu einem jungen Wein oder mit ihrem guten Brand während des Tages.

Gesamtbewertung
Stärke: 7 – Gleichmäßigkeit: 8 – Charakter: 7,5.

Corona – Kuba

PARTAGÁS CORONAS CABINET SELECTION

Länge:	142 mm (5 ½ in.)
Ringmaß:	42 (16,67 mm)
Körper:	Rund
Aufmachung:	Kabinett mit 50 Stück, traditionelle Kiste mit 25 Stück

Aussehen
Hat die noble Strenge einer authentischen Corona. Sie trägt in der Regel Goldfarben, gelegentlich Maduro.

Anfühlung
Leicht samtig, aber aufgrund ihrer Öligkeit nicht seidig. Der feste Körper ist geschmeidig, aber nie weich, es sei denn, er ist zu feucht geworden, was den Ruin bedeutet.

Duft
Der typische Duft von Partagás ist eine Mischung von Wald und Gewürzen mit einem wilden Finale, besonders bei jungen Zigarren. Reife fügt Subtilität hinzu, besonders in der Kabinett-Version.

Geschmack
In der Partagás-Tradition hat die Cabinet Selection eine gewisse Strenge mit Aromen nach Kaffee, Kakao, Moschus und Gewürzen, die stark beginnen und lange anhalten.

Genuss
Diese schöne, etwas strenge Zigarre hat seit Jahren ihre Anhänger. Ihr aromatischer Reichtum – präsenter in der Kabinett-Version – macht sie zu einer exzellenten Jahrgangszigarre. Nach einem Lunch wird ihr langsamer, gleichmäßiger Brand einen erfahrenen Raucher nie langweilen.

Gesamtbewertung
Stärke: 9 – Gleichmäßigkeit: 9 – Charakter: 8,5.

• Die **Juan López Coronas** *aus der gleichen Familie ist ebenso streng, aber milder und weniger würzig im Geschmack.*

Corona – Kuba

ROMEO Y JULIETA CORONAS

Länge: 142 mm (5 ½ in.)
Ringmaß: 42 (16,67 mm)
Körper: Quadratisch
Aufmachung: Traditionelle Kiste mit 25 Stück

Aussehen
Ein großartiger, rassiger Klassiker mit perfekter Konstruktion, einer schönen traditionellen Bauchbinde und hellen bis hellbraunen Deckblättern.

Anfühlung
Der geschmeidig-seidige Körper zeigt, dass er aus bestem Hause stammt.

Duft
Das Bukett beginnt sehr vegetarisch und wird dann leicht säuerlich, fast scharf. Mit dem Körper kommen traditionell lederige Noten, die in ein beruhigendes Finale münden.

Geschmack
Sich selbst und keinem Vorurteil treu, bietet diese gut erhältliche und quasi joviale Corona einen milden, runden floralen Geschmack im Stil der Zeit. Vor 20 Jahren war sie noch stark und voll, hat sich aber dem Trend zu mehr Milde und einfachem Brand angeschlossen.

Genuss
Die Modernisierung der Geschmacksrichtung ist ein Erfolg. Ihre Anhänger schätzen das frische, stabile Aroma immer und überall – ein Begleiter durch den Tag.

Gesamtbewertung
Stärke: 6,5 – Gleichmäßigkeit: 7 – Charakter: 7,5.

• *Die **Diplomáticos N° 3** aus der gleichen Familie hat auch eine gute Tradition und ist seit einigen Jahren wieder erhältlich.*

Corona – Kuba

SANCHO PANZA CORONAS

Länge: 142 mm (5 ½ in.)
Ringmaß: 42 (16,67 mm)
Körper: Quadratisch
Aufmachung: Traditionelle Kiste mit 25 Stück

Aussehen
Gleichmäßig ausgerichtet wie beim Militär, bietet dieser schöne quadratische Körper die Farbpalette von Claro zu Colorado. Die strenge Eleganz wird durch den runden Kopf und die ovale Bauchbinde gemildert.

Anfühlung
Sie ist eng gerollt, fühlt sich aber geschmeidig, in der Handfläche fast hart an. Ihre Deckblätter sind ölig und leicht glänzend.

Duft
Am Fuß löst sich der waldige Duft in vegetarische Nuancen auf. Der Körper erhält durch einen Hauch von neuem Leder seinen Reiz.

Geschmack
Das erste Drittel bewegt sich im mild floralen Bereich, das zweite wird tanninig und waldig. Das Finale hat volle, schwere Waldbodenaromen mit Noten von Zitrone und Kaffee.

Genuss
Als großer Klassiker des Formats liegt die Sancho Panza Coronas zwischen der Reichhaltigkeit der Partagás und der Milde der Hoyo du Roi. Man rauche sie nach dem Lunch und ohne Alkohol, um ihrem Geschmack ungeteilte Aufmerksamkeit schenken zu können.

Gesamtbewertung
Stärke: 6,5 – Gleichmäßigkeit: 8 – Charakter: 7,5.

• *Zur gleichen Familie gehört die* **Punch Coronas** *von einer bemerkenswerten Gleichmäßigkeit.*

Corona – Kuba

VEGAS ROBAINA FAMILIARES

Länge: 142 mm (5 ½ in.)
Ringmaß: 42 (16,67 mm)
Körper: Rund
Aufmachung: Halblackierte Kiste mit 25 Stück

Aussehen
Die Präsentation ist nicht ihre größte Trumpfkarte: Die dunklen Deckblätter signalisieren eine Trockenheit und Stärke, die nicht der Realität entspricht.

Anfühlung
In der Berührung vereint die Familiares Rauheit und Samtigkeit, Eleganz und Rasse. Sie liegt gut in der Hand und kommt an, wenn der ein wenig zu dichte Körper seinen langsamen Brand entfaltet.

Duft
Der Duft ist auf den ersten Blick nicht allzu freigebig und verbleibt im Bereich jungen Leders, aber sehr diskret. Wenn man etwas Geduld aufbringt, kann man rustikalere Gerüche entdecken, die an einen Regentag im Sommer erinnern.

Geschmack
Diese klassische und elegante Corona hat einen langsamen Brand, der die Aromen nach feuchtem Holz unterstreicht, ohne aggressiv zu werden. Wenn ihr Reich auch nicht die kräftigen Gewürztöne sind, so bleiben ihre Reize doch nachhaltig auf der Zunge.

Genuss
Die Corona ist ohne Zweifel das am wenigsten erfolgreiche Format der Marke – die Pirámide oder die Robusto haben mehr Erfolg – und hat es gleichwohl verdient, dass man sich ihr widmet. Bestens geeignet zu einem Nachmittagskaffee bei einem Blick in die Zeitung.

Gesamtbewertung
Stärke: 5,5 – Gleichmäßigkeit: 7– Charakter: 8.

Colonial – Kuba

TRINIDAD COLONIALES

Länge:	132 mm (5 ¼ in.)
Ringmaß:	44 (17,46 mm)
Körper:	Rund
Aufmachung:	Lackierte Kiste mit 24 Stück, Etui mit 5 Stück

Aussehen
Die lackierte Kiste wäre auch für eine Schmuckkollektion passend. Die Zigarren werden nicht durch ein Band zusammengehalten. Jede Lage kommt einem wie die Schicht einer leckeren Cremeschnitte vor.

Anfühlung
Die Coloniales ist im Allgemeinen sehr seidig und vermittelt ein komfortables, aber zurückhaltendes Handgefühl. Man weiß die große Homogenität zu schätzen.

Duft
Die Mischung aus Waldnoten und frischem Leder maskiert die Gewürznoten, die dem Aroma etwas Verführerisches geben. Die in der Kiste liegenden Blättchen aus Zedernholz bewirken so etwas wie einen Kaltstart. Aber diese Nuance des Duftes verschwindet bald.

Geschmack
Voller Lakritzgeschmack dominiert. Der gleichmäßige Brand bringt die verschiedenen Etappen gut zur Geltung: mild am Anfang, abgerundet im Mittelteil und stark im Finale. Die Aromen sind gleichbleibend elegant.

Genuss
Die Coloniales hebt sich von den gewöhnlichen Petit Coronas ab und ist eleganter als die meisten. Sie ist für Gelegenheitsraucher bestens nach einem Essen und für andere den ganzen Tag über geeignet. Sie ist sehr gleichmäßig und enttäuscht selten.

Gesamtbewertung
Stärke: 6,5 – Gleichmäßigkeit: 8,5 – Charakter: 9.

Petit Edmundo – Kuba

MONTECRISTO PETIT EDMUNDOS

Länge: 110 mm (4 ⅜ in.)
Ringmaß: 52 (20,64 mm)
Körper: Rund
Aufmachung: Unlackierte Kiste mit 25 oder 10 Stück

Aussehen
Das Baguette von Havanna … Präsentiert wie große Lutschstangen, sind sie lecker in dunkle oder helle Farben gekleidet, die ihren »sympathonischen« Stil unterstreichen.

Anfühlung
Rund und generös, passt sie in eine Hand. Die Petit Edmundos ist eine fette, samtweiche Zigarre, die man zwischen den Fingern rollen möchte, um sich über ihren dicken Bauch zu amüsieren. Sie tut nicht elegant, sondern appelliert an Zärtlichkeit.

Duft
Sie ist sofort mit einem reichen und kräftigen Bukett da. Die Spannweite zwischen Amber und animalisch vermittelt eine Idee vom Geschmack, der einen erwartet.

Geschmack
Achtung: Das kleine Kerlchen hat nichts Leichtes – im Gegenteil, mit den ersten Zügen trifft einen der Schlag aus Tannin und Pfeffer, der bis zum Finale anhält. Wegen der Maße findet hier keine Evolution statt, aber die Fülle kompensiert weitgehend den Körper, und man endet befriedigt.

Genuss
Die Petit Edmundos gehört zu den vollmundigen Zigarren dieser schönen Familie. Sie ist exzellent nach einem Fisch- oder Fleischgericht und für erfahrene Raucher der perfekte Begleiter durch den Tag. Aber Achtung: Man sollte es nicht übertreiben, sonst verdirbt man sich den Genuss.

Gesamtbewertung
Stärke: 9 – Gleichmäßigkeit: 9 – Charakter: 9.

Petit Robusto – Kuba

HOYO DE MONTERREY PETIT ROBUSTOS

Länge: 102 mm (4 ⅛ in.)
Ringmaß: 50 (19,84 mm)
Körper: Rund
Aufmachung: Kabinett mit 25 Stück, Etui mit 3 Stück

Aussehen
Die Petit Robustos mit ihrem kleinen und schön gerundeten Körper ist schon vom Anblick her eine große Verführerin. Ihr Teint bewegt sich zwischen Colorado und Claro. In diesem Format ist sie die Einzige, die im Kabinett angeboten wird.

Anfühlung
Zunächst hat man das Bündel in der hohlen Hand, und dann eine Zigarre, die in der Handfläche zu verschwinden scheint. Man muss mit ihr auch beim Rauchen vorsichtig umgehen.

Duft
Hier findet sich wieder der florale Stil von Hoyo: Rund und mild mit versteckten Waldaromen. Wegen des Volumens macht das gradlinige Bukett keine Entwicklung.

Geschmack
Im Gaumen ist sie milder als die vergleichbare Montecristo. Ihr Charme zeigt sich mit den Zügen, die sofort eine Vielfalt von Aromen bieten. Die Addition von Haselnuss- und Lakritz-Noten hinterlässt eine bemerkenswerte Präsenz auf dem Gaumen. Dies ist ein opulentes Ergebnis, ebenso reichhaltig wie angenehm, in einem leichtfüßigen Tempo, das allerdings in den drei Abschnitten keine Entwicklung bringt, weil sie zu nahe beieinander liegen.

Genuss
Diese Petit Robusto ist reiner Genuss, als Aperitif oder nach dem Essen. Für alle Raucher, ob überzeugt oder gelegentlich, sollte sie die zweite Zigarre des Abends sein. Aber Achtung: Wenn man mehr davon raucht, verdirbt man sich den Genuss.

Gesamtbewertung
Stärke: 7 – Gleichmäßigkeit: 8,5 – Charakter: 9,5.

Mareva – Kuba

BOLÍVAR PETIT CORONAS CABINET SELECTION

Länge: 129 mm (5 ⅛ in.)
Ringmaß: 42 (16,67 mm)
Körper: Rund
Aufmachung: Kabinett mit 50 oder 25 Stück, traditionelle Kiste mit 25 Stück

Aussehen
Dieses Bündel runder, gut gemachter Coronas ist ein Prachtstück von Gleichmäßigkeit und Konsistenz.

Anfühlung
Die glatte und nicht zu feste Zigarre fühlt sich in der Hand gut an. Man kann sie fast atmen hören, wenn man das Bündel ans Ohr hält.

Duft
Das verführerische Bukett ist rund, frisch und belebend. Feuchte Erdnoten sind am Fuß und Kopf stärker ausgeprägt.

Geschmack
Das erdige, leicht stechende erste Drittel entwickelt fast eine gewisse Bitterkeit, bevor milde Gewürznoten im letzten Drittel Raum greifen. Der Gesamteindruck ist üppig und konsistent mit einer schönen Balance aus Stärke und Geschmack, die lange nachwirkt.

Genuss
Diese Petit Corona kann die Komplexität einer Torpedo oder einer Churchill nicht erreichen, aber ihre aromatische Bandbreite ist eine der faszinierendsten dieses Formats. Für den Gelegenheitsraucher passt sie gut zu einer Mahlzeit, der Havanna-Liebhaber wird sie mit ihrem fraglosen Geschmack gern während des Tages rauchen.

Gesamtbewertung
Stärke: 6 – Gleichmäßigkeit: 7,5 – Charakter: 8.

• *In der gleichen Familie ist die **Romeo y Julieta Petit Coronas** erdiger und würziger.*

Mareva – Kuba

COHIBA SIGLO II

Länge: 129 mm (5 ⅛ in.)
Ringmaß: 42 (16,67 mm)
Körper: Rund
Aufmachung: Lackiertes Kabinett mit 25 Stück

Aussehen
Dieses kleine Bündel von 25 Coronas hat perfekt runde Köpfe und reicht in der Farbpalette von goldenen zu dunkelroten Tönen.

Anfühlung
Die feste, gut gemachte Zigarre ist äußerst seidig, fühlt sich fast wie ein Schwamm an und liegt gut in der Hand.

Duft
Das florale Bukett mit lederigen und waldigen Obertönen hat einen Hauch sehr gefälliger Feuchtigkeit. Es ist kurzlebig und bar aller Gewürze. Eine exzellente Jahrgangszigarre mit prononcierten Madeira-Aromen, wenn sie ausreichend gereift ist.

Geschmack
Das höchstens fünfzigminütige Rauchvergnügen bietet Geschmacksvarianten in schneller Folge. Auf florale Noten folgen Gewürze, dann vegetarische Fülle. Das zweite Drittel steigert sich hin zum vollen Aufgebot des Finales.

Genuss
Man vermeide den einfachen Weg des zu schnellen Rauchens. Die Aromen verdienen Langsamkeit. Die Siglo II passt zu einem einfachen Mahl oder sehr gut zu einem arabischen Kaffee danach.

Gesamtbewertung
Stärke: 7 – Gleichmäßigkeit: 8,5 – Charakter: 7,5.

• Die **Juan López Petit Coronas** aus der gleichen Familie ist milder und hat einen quadratischen Körper.

Almuerzo – Kuba

HOYO DE MONTERREY
LE HOYO DU PRINCE

Länge: 130 mm (5 ⅛ in.)
Ringmaß: 40 (15,87 mm)
Körper: Rund
Aufmachung: Kabinett mit 25 Stück

Aussehen
Diskret und ohne die Insignien des Prunks, ist dieses hübsche Bündel von Petit Coronas gleichmäßig in goldenen Tönen und nie zu fett.

Anfühlung
Die schlanke Form fühlt sich in der Hand ein wenig verloren an, aber sie ist durch und durch elegant mit einer seidigen Textur, manchmal ein wenig zu fest.

Duft
Mild, floral und diskret, sich schnell verflüchtigend. Die Aromen des Körpers sind vegetarischer und ohne die Bitterkeit der Aggressivität.

Geschmack
Nach dem fein-aromatischen und milden, leichten Beginn gewinnt sie im zweiten Drittel an Reichhaltigkeit und Präsenz. Die volle Kraft des Finales entwickelt grüne Pfeffer-Aromen mit Kakao-Noten. Gelegentliches Überhitzen wegen der eher zu großen Dichte.

Genuss
Zum Essen oder einem Drink schmeckt sie besser als allein für sich. Jederzeit zu rauchen, am besten vielleicht nachmittags auf dem Rückweg zur Arbeit nach einem Lunch oder Kaffee.

Gesamtbewertung
Stärke: 6 – Gleichmäßigkeit: 6,5 – Charakter: 6,5.

• *Die **Sancho Panza Non Plus** aus der gleichen Familie, eine Mareva, ist weniger intensiv im Geschmack.*

Mareva – Kuba

PARTAGÁS PETIT CORONAS CABINET SELECTION

Länge:	129 mm (5 ⅛ in.)
Ringmaß:	42 (16,67 mm)
Körper:	Rund
Aufmachung:	Kabinett mit 50 Stück, traditionelle Kiste mit 25 Stück

Aussehen
Dieses hübsche halbe Rad von Petit Coronas mit schönen runden Köpfen und Füßen demonstriert das klassische Gleichgewicht dieses Formats. Die Farbpalette variiert von dunklem Claro über Ockertöne zu hellem Colorado.

Anfühlung
Sie vermittelt der Hand das Gefühl einer leichten Körnigkeit und ist nicht ölig. Die Kabinett-Version ist porös und geschmeidig von Kopf bis Fuß.

Duft
Frisch, vegetarisch und kurzlebig. Die scharfen Töne der jungen Zigarren werden später waldiger, ohne das Vegetarische zu verlieren.

Geschmack
Die von Anfang an üppigen waldigen und leicht zuckerigen Aromen verleihen ihr eine besondere Dimension. Das letzte Drittel wendet sich wieder den Gewürzen zu. Das Alter schärft das Profil kaum und mildert den Stil.

Genuss
Diese geradlinige und ehrliche Petit Corona passt überall hin, vom Lunch zum Dinner mit Cognac, von der Arbeit zur Kontemplation – vorausgesetzt, man ist mit schweren Havannas vertraut.

Gesamtbewertung
Stärke: 8,5 – Gleichmäßigkeit: 9,5 – Charakter: 9.

• *Die H. Upmann N° 4 aus der gleichen Familie ist ebenso gut gemacht und überall zu genießen.*

Mareva – Kuba

POR LARRAÑAGA PETIT CORONAS CABINET SELECTION

Länge: 129 mm (5 ⅛ in.)
Ringmaß: 42 (16,67 mm)
Körper: Rund
Aufmachung: Kabinett mit 50 Stück

Aussehen
Diese schöne und schlichte Petit Corona erinnert in ihren Goldtönen ein wenig an ein krustiges Landbrot. Die Rundheit von Kopf und Fuß und die Harmonie des Körpers sind sehr ansprechend.

Anfühlung
Geschmeidig und nicht weich, gibt sie ein gutes Handgefühl. Die seidige Textur ist kaum fett, der Körper fester als Kopf und Fuß.

Duft
Das verführerische Bukett weckt den Appetit. Es beginnt mit frischen floralen Noten vor einem leicht waldigen Hintergrund und entfaltet am Körper den Geruch neuen Leders, ohne trocken oder staubig zu wirken.

Geschmack
Wegen ihrer Frische, Rundheit und Spannung verdient sie es, jung geraucht zu werden. Eine leichte Bitterkeit gibt ihr anfangs einen jovialen Touch, während das letzte Drittel starkes, volles Aroma bietet.

Genuss
Diese delikate Petit Corona ist ein wohl gehütetes Geheimnis, das zu entdecken sich lohnt. Sie passt zu jeder Gelegenheit und auch zum Essen, wenn einem nicht nach den größeren Formaten zumute ist.

Gesamtbewertung
Stärke: 6,5 – Gleichmäßigkeit: 9,5 – Charakter: 9,5.

• *Die **Diplomáticos N° 4** aus der gleichen Familie hat klare Lederaromen.*

Mareva – Kuba

PUNCH PETIT CORONAS

Länge: 129 mm (5 ⅛ in.)
Ringmaß: 42 (16,67 mm)
Körper: Rund
Aufmachung: Kabinett mit 50 Stück,
traditionelle Kiste mit 25 Stück
(Punch Petit Coronas del Punch)

Aussehen
Das kompakte kleine Bündel in grün-braunen blassen Tönen wird von einem gelben Band zusammengehalten.

Anfühlung
Diese eher üppige und glatte als seidige Zigarre knistert ein wenig. Sie ist aber nie trocken und fühlt sich für das Format ungewöhnlich solide an.

Duft
Voll und ganz Punch. Erdig und feucht mit einem grasig vegetarischen Fuß bei den jüngeren Exemplaren. Der Körper wird mit der Zeit entfaltet und abgerundet mit einem Ton Amber. Die Zigarre ist eindeutig mit ihrem reichhaltigen, feucht-erdigen Aroma.

Geschmack
Allerbester Brand setzt einen reifen, erdigen und nicht würzigen Geschmack frei, der sich steigert. Honig, Leder und Waldboden sind gleichfalls präsent, das Finale intensiv.

Genuss
Angenehm und geschmackvoll, ein guter Begleiter. Für Punch-Liebhaber bestens nach einer leichten Mahlzeit, bei der Arbeit oder zum Nachdenken.

Gesamtbewertung
Stärke: 8 – Gleichmäßigkeit: 9 – Charakter: 8,5.

Mareva – Kuba

PUNCH ROYAL SELECTION N° 12

Länge: 129 mm (5 ⅛ in.)
Ringmaß: 42 (16,67 mm)
Körper: Rund
Aufmachung: Kabinett mit 25 Stück

Aussehen
Das kompakte Bündel in Goldtönen ist pure Eleganz.

Anfühlung
Für das Format ein Schwergewicht, aber mit gutem Gefühl in der Hand. Der dichte, fette Körper macht insgesamt einen schönen Eindruck.

Duft
Das reichhaltige, feucht-erdige Aroma, das Markenzeichen von Punch, hat eine grasige Anmutung, die sich gut mit den weichen Ledernoten des Körpers mischt. Je nach Ernte kann sie auch schärfere vegetarische Düfte entwickeln.

Geschmack
Typisch Punch und geradezu explosiv. Zu den erdigen Aromen gesellen sich waldige und würzige Töne sowie ein Hauch von Kakao. Die ausgewogene Mischung bringt es.

Genuss
Der wegen der Dichte eher schleppende Brand beeinträchtigt das Gefallen an dieser Mareva nicht. Die leichte Unregelmäßigkeit ist kein Fehler, sondern eher eine Überraschung. In ihrer ganzen Rundheit ist die Royal Selection N° 12 angenehm nach einem leichten Lunch am Nachmittag.

Gesamtbewertung
Stärke: 7 – Gleichmäßigkeit: 6,5 – Charakter: 6,5.

• Die *H. Upmann Petit Coronas* aus der gleichen Familie ist klassischer und geradliniger im Geschmack.

Mareva – Kuba

RAFAEL GONZÁLEZ PETIT CORONAS

Länge: 129 mm (5 ⅛ in.)
Ringmaß: 42 (16,67 mm)
Körper: Quadratisch
Aufmachung: Traditionelle Kiste mit 25 Stück

Aussehen
Mit ihren Maduro-Farbtönen, die auch mit der Bauchbinde korrespondieren, wirkt diese Zigarre etwas streng, was durch die quadratische Form betont wird.

Anfühlung
Der füllige, fette Tabak ist durchgehend dicht gerollt und fühlt sich fast hart an. Die homogenen Deckblätter sind für die limitierte Produktion perfekt ausgewählt.

Duft
Nach dem sehr vegetarischen Start folgt eine Welle von Gewürz-Aromen, die sich schnell verflüchtigen.

Geschmack
Der würzig waldige und lederige Anfang mündet in einen pfefferigen, tanninigen Geschmack. Die Fülligkeit birgt die Gefahr der Überhitzung in sich, trägt aber zu einem mächtigen Finale bei, das die ungeübte Zunge überfordern kann.

Genuss
Die Petit Corona sollte nicht mit der Petit Lonsdale der gleichen Marke verwechselt werden, die exzellent, aber weniger kräftig ist. Sie passt perfekt zu europäischer oder amerikanischer Küche oder zu einem Aperitif, ebenfalls sehr gut als zweite Abendzigarre.

Gesamtbewertung
Stärke: 8,5 – Gleichmäßigkeit: 7 – Charakter: 7.

• Die **Diplomáticos N° 4** aus der gleichen Familie ist weniger stark und mehr floral.

Rey – Kuba

TRINIDAD REYES

Länge: 110 mm (4 ⅜ in.)
Ringmaß: 40 (15,87 mm)
Körper: Rund
Aufmachung: Lackierte Kiste mit 24 oder 12 Stück.
Etui mit 5 Stück

Aussehen
Die Präsentation erinnert an eine Bonbonschachtel. Länge und Durchmesser sind ausgewogen, und die goldigen Töne mit einem Schuss Brillanz haben etwas Unwiderstehliches. Die Reyes ist leichter und feiner und auch eleganter als die Shorts von Partagás.

Anfühlung
Für so ein kleines Format liegt sie gut in der Hand und beeindruckt mit ihrer geschmeidigen und seidigen Anmutung.

Duft
Der Frühling erwacht im Humidor … Mit floral frischen und milden Gewürz- und Waldnoten lädt der subtile und verhaltene Duft zu Weiterem ein. Schon am Fuß blüht das Bukett auf.

Geschmack
Von Anfang bis Ende bleibt der Geschmack sehr aromatisch, mit reichhaltigen Waldnoten ohne prononcierte Gewürztöne, der durchgängig eine schöne Leichtigkeit bewahrt. Immer abgerundet, bietet diese noble Zigarre ein leicht fettes und salziges Finale.

Genuss
Im Hochsommer eine Quelle in den Bergen … Die Reyes ist eine delikate Tageszigarre zu einem Kaffee oder Tee oder, noch besser, einem Aperitif. Aber dennoch Achtung: Durch ihre Leichtigkeit geht man ihr schnell in die Falle. Anders gesagt, man sollte nicht zu viel aus dieser Quelle trinken. Dabei ist der Preis wohl hilfreich.

Gesamtbewertung
Stärke: 5 – Gleichmäßigkeit: 9 – Charakter: 8,5.

Minuto – Kuba

PARTAGÁS SHORTS

Länge: 110 mm (4 ⅜ in.)
Ringmaß: 42 (16,67 mm)
Körper: Rund
Aufmachung: Kabinett mit 50 Stück,
traditionelle Kiste mit 25 Stück

Aussehen
Dieses hervorragend gemachte Bündel in Goldtönen mit einer feinen, seidigen Textur hat die Gleichförmigkeit und präzise Ausrichtung savoyischer Rundhölzer. Die Kabinett-Selection ist unvergleichlich.

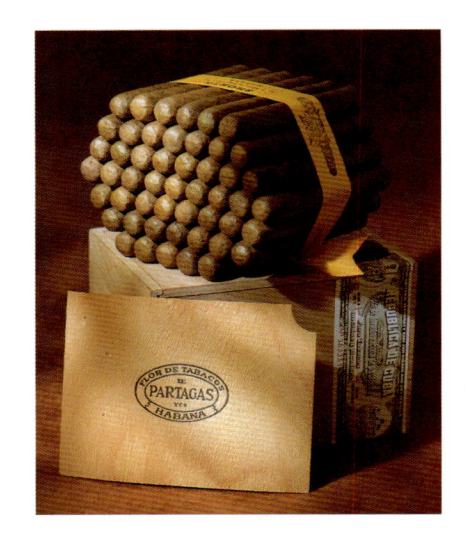

Anfühlung
Der fette, ölige Körper ist befriedigend fest und neigt nicht zur Überhitzung.

Duft
Das sofort frische und runde Frühlingsbukett gruppiert sich um florale Noten. Ein Hauch Leder gibt ihm einen tanninigen Charakter.

Geschmack
Die aromatische Komplexität ist für das Format ungewöhnlich. Die Shorts hat einen frischen, runden vegetarischen Geschmack, zu dem Gewürze und Vanilla im ersten Drittel hinzutreten, Leder, Honig, Kaffee und anderes im letzten Drittel. Das Finale ist würzig und nachhaltig.

Genuss
Ein guter Begleiter und Repräsentant des Geschmacks des neuen Jahrtausends. Er übersättigt die Atmosphäre nicht, ist in zwanzig Minuten geraucht und passt gut zu Bier, Kaffee, einem leichten Lunch oder einem Sommernachmittag im Freien.

Gesamtbewertung
Stärke: 8 – Gleichmäßigkeit: 9,5 – Charakter: 9.

• *Die* **Diplomáticos N° 5** *aus der gleichen Familie ist quadratischer und leichter im Geschmack.*

Minuto – Kuba

RAMÓN ALLONES
SMALL CLUB CORONAS

Länge: 110 mm (4 ⅜ in.)
Ringmaß: 42 (16,67 mm)
Körper: Quadratisch
Aufmachung: Traditionelle Kiste mit 25 Stück

Aussehen
Schon wegen der Kürze erregt die Small Club nicht von vornherein Aufmerksamkeit, verdient aber aufgrund ihrer Homogenität in Claro und ihren exemplarischen Proportionen Bewunderung.

Anfühlung
Die fette Textur reicht von füllig bis körnig. Der Durchmesser verleiht ihr ein gutes Handgefühl und macht sie auch für Aficionados ideal, die die Zigarre nicht aus dem Mund nehmen.

Duft
Das kurzlebige Bukett ist nicht die Hauptstärke. Der leicht erdige, nicht würzige Duft hat aber eine seidige Rundheit.

Geschmack
Ein ausgezeichneter Brand bringt die waldigen Noten des vollen und intensiven Aromas hervor, die mit vollen und exotischen Zwischentönen im Mund lange nachwirken. Das mächtige Finale mag überraschen, ist aber kurzlebig.

Genuss
Bei ihrem kleinen Format versteckt sich die Small Club fast in der Hand. Sie ist angenehm zu allen Gelegenheiten und für Anfänger ein guter Einstieg in das Reich der aromatischen Vielschichtigkeit.

Gesamtbewertung
Stärke: 7 – Gleichmäßigkeit: 8 – Charakter: 8.

• *Die* **Punch Petit Punch** *aus der gleichen Familie ist gleichfalls ein überzeugender Repräsentant einer neuen Generation kleiner Zigarren.*

Minuto – Kuba

SAN CRISTÓBAL DE LA HABANA EL PRÍNCIPE

Länge:	110 mm (4 ⅜ in.)
Ringmaß:	42 (16,67 mm)
Körper:	Quadratisch
Aufmachung:	Traditionelle Kiste mit 25 Stück

Aussehen
Ein wenig bunt in der Aufmachung, wecken diese kleinen Zigarren mit ihren seidigen Colorado-Deckblättern Sympathie. Wenn die etwas altertümliche Bauchbinde entfernt ist, wirken sie ein wenig länger.

Anfühlung
Die sehr geschmeidige El Príncipe wirkt in der Hand etwas verloren. Elegant weiche Deckblätter umschließen den fetten, quadratischen, stämmigen Körper. Vor dem Anzünden fühlt man die Feuchtigkeit.

Duft
Der Duft am Körper ist subtil floral, frisch und leicht waldig. Die Wirkung ist angenehm, aber sehr kurzlebig.

Geschmack
Diese moderne Zigarre ist einfach, schnell, leicht und aromatisch. Sie ist gemacht für die kleinen Momente des Tages mit ihrem delikat waldigen, üppigen und intensiven Geschmack für vierzig Minuten.

Genuss
Wenn die Aromen sich erst einmal entfalten, wünscht man, es würde ewig währen. Dank ihrer Leichtigkeit ist sie für Gelegenheitsraucher gut nach dem Dinner. Erfahrene Raucher schätzen sie am Morgen.

Gesamtbewertung
Stärke: 5,5 – Gleichmäßigkeit: 8 – Charakter: 8,5.

• Die **Romeo y Julieta Petit Princess** *aus der gleichen Familie hat das Ringmaß 40 (15,87 mm) und eine Länge von 102 mm.*

Laguito N° 1 – Kuba

COHIBA LANCEROS

Länge: 192 mm (7 ½ in.)
Ringmaß: 38 (15,08 mm)
Körper: Rund
Aufmachung: Halblackierte Kiste mit 25 Stück

Aussehen
Die elegante Kiste enthält perfekt präsentierte Preziosen mit rundem Fuß, abgedrehtem Kopf und einem schlanken Körper im Stil der 1960er-Jahre.

Anfühlung
Mit ihrer seidigen Textur und schönen Gleichmäßigkeit ist es eine Lust, sie in die Hand zu nehmen.

Duft
Früher war sie üppig und stark, heute ist die Lanceros fast mild im Bereich vegetarischer und leicht floraler Noten.

Geschmack
Wenn die Geschmacksknospen bereit sind, ist sie reichhaltig und präsent. Man schmeckt Kakao, Süßholz und Gewürze. Verunglückte Exemplare können sehr stark sein und überhitzen.

Genuss
Als Star der Vergangenheit ist die Lanceros heute ungerechtfertiger Weise vergessen. Wenn die Mode sich wieder ändert, werden die Aficionados ihre wunderbare Finesse neu entdecken, wozu auch die holde Weiblichkeit beitragen könnte. Perfekt nach dem Dinner oder bei abendlichen philosophischen Anwandlungen.

Gesamtbewertung
Stärke: 7,5 – Gleichmäßigkeit: 8,5 – Charakter: 7.

• *Die Vegueros N° 1 aus der gleichen Familie ist durchgehend vegetarisch.*

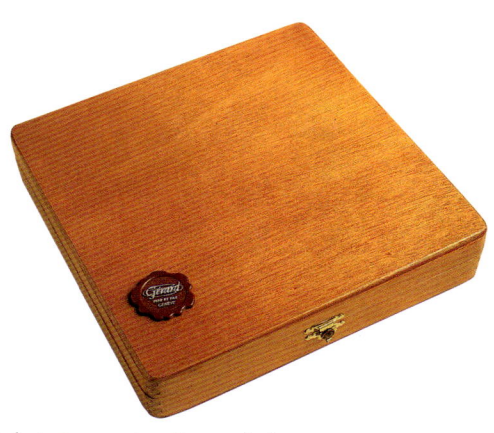

Laguito Nº 1 – Kuba

TRINIDAD FUNDADORES

Länge:	192 mm (7 ½ in.)
Ringmaß:	38 (15,08 mm)
Körper:	Rund
Aufmachung:	Unlackierte Kiste mit 50 oder 24 Stück

Aussehen
Diese elegante, äußerst schlanke Zigarre mit dem abgedrehten Kopf ist in ihrer Jugend am schönsten, bevor das Colorado dunkler wird. Mit der Zeit verschwindet auch die Öligkeit, und die Bauchbinde oxidiert allmählich.

Anfühlung
Elegant und geschmeidig, fast schon weich, bietet das Handgefühl einen schönen Vorgeschmack.

Duft
Anfangs zurückhaltend, wird das Aroma waldig mit floralen und ledrigen Noten am Körper. Am Fuß gut duftend mit leichter Amber-Note.

Geschmack
Entsprechend ihrer Größe beginnt die Fundadores sowohl langsam als auch mild und bekommt mit der Erwärmung eindrucksvolle Gewürznoten mit hin und wieder ein wenig Pfeffer. Das subtile zweite Drittel mündet in ein verführerisches Finale, das mit leicht würzigen Tönen ausklingt.

Genuss
Die meisten Marken konzentrierten sich in den 1990er-Jahren auf die Robustos, Trinidad hingegen auf dieses einzigartige Format. Die Zigarre ist ausgezeichnet und perfekt nach einem üppigen Mahl zu schweren Weinen.

Gesamtbewertung
Stärke: 8,5 – Gleichmäßigkeit: 9 – Charakter: 9,5.

• Die **Partagás Série du Connaisseur Nº 1** aus der gleichen Familie beginnt kräftiger und ist würziger.

Delicado – Kuba

LA GLORIA CUBANA MÉDAILLE D'OR N° 1

Länge: 185 mm (7 ¼ in.)
Ringmaß: 36 (14,29 mm)
Körper: Rund
Aufmachung: Halblackierte Kiste mit 25 Stück

Aussehen
Diese Gran Panetela ist eine schöne, lang gestreckte Zigarre, zumeist in Claro-Farben, gelegentlich in Maduro.

Anfühlung
Man spürt ihre Größe kaum. Sie ist eher weich als geschmeidig und hinterlässt einen feinen Film auf der Haut.

Duft
Das verführerisch üppige Bukett im floralen Bereich hat einen Hauch von Gewürzbrot, das Markenzeichen von La Gloria Cubana.

Geschmack
Das würzige, honigartige Aroma wird reicher im zweiten Drittel und führt in ein konzentriertes Finale. Sorgfältige Reifung ergibt eine unerwartete Milde und Rundheit mit einem langsamen, waldigen Rhythmus, der nie langweilt.

Genuss
Die Médaille d'Or N° 1 verdient mehr Anerkennung. Glühende Bewunderer, besonders unter den Liebhabern von Jahrgangszigarren, schwelgen hier in der Entdeckung neuer aromatischer Horizonte. Das sehr energische letzte Drittel ist nur etwas für geübte Zungen. Der Brand ist für dieses Format sehr befriedigend.

Gesamtbewertung
Stärke: 6,5 – Gleichmäßigkeit: 9 – Charakter: 8,5.

Panetela Larga – Kuba

LA GLORIA CUBANA
MÉDAILLE D'OR N° 3

Länge:	175 mm (6 ⅞ in.)
Ringmaß:	28 (11,11 mm)
Körper:	Rund
Aufmachung:	Halblackierte Kiste mit 25 Stück

Aussehen
Mit ihrer Silhouette aus den 1970er-Jahren sind diese eleganten und sehr gut gemachten drei Lagen »chinesischer Essstäbchen« bei den Anhängern des Formats sehr beliebt.

Anfühlung
Die weiche Zigarre kann man nicht als fest und hart bezeichnen. Ihre runde Form gleitet gut zwischen den Fingern hindurch. Natürliches Gefühl.

Duft
Das florale Bukett ist frisch, voll und anspruchslos.

Geschmack
Diese zurückhaltende Panetela ist in diesem Format mit Gewürzen und Honig eine der aromatischsten und bietet einen gleichmäßigen Zug. Das sehr leichte erste Drittel geht in einen vollen waldigen Geschmack im zweiten über. Am Ende muss man Überhitzung vermeiden.

Genuss
Die Médaille d'Or N° 3 steht zwar in der Tradition von La Gloria Cubana, aber nicht in der des Formats. Ihr problemloser Brand macht sie zum guten Partner einer Tasse Kaffee. Sie übersättigt nie, mag aber für Anfänger ein wenig schwer sein.

Gesamtbewertung
Stärke: 5,5 – Gleichmäßigkeit: 7 – Charakter: 6,5.

• *Die* **El Rey del Mundo Elegantes** *aus der gleichen Familie wird von Liebhabern leichter, geschmackvoller Gran Panetelas geschätzt.*

Panetela Larga – Kuba

RAFAEL GONZÁLEZ SLENDERELLAS

Länge: 175 mm (6 ⅞ in.)
Ringmaß: 28 (11,11 mm)
Körper: Rund
Aufmachung: Halblackierte Kiste mit 25 Stück

Aussehen
Eine »Schokoladenzigarette«, wie sie Kinder lieben. Lang und dünn, scheint sie kein Ende zu haben. Die Farben reichen vom hellsten Clarissomo bis zu dunklem, warmem Colorado.

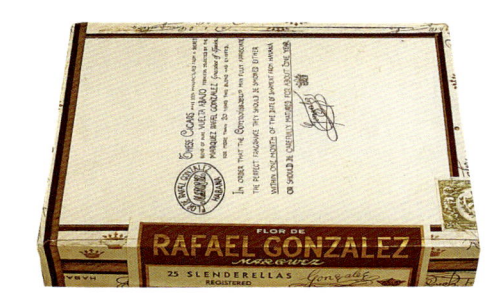

Anfühlung
Manchmal etwas zu fest gerollt, ist sie im Allgemeinen fest und geschmeidig. Je nach Tabak ist die Textur seidig oder leicht körnig.

Duft
Der Fuß ist mild und trocken, der Körper vegetarisch mit einem subtilen Kampferduft. Insgesamt frisch und lebendig.

Geschmack
Der vorzügliche Brand liefert eine Palette waldiger Aromen, nie herb oder würzig. Diese leichte und harmonische Zigarre ermüdet nie.

Genuss
Für nachdenkliche Momente oder einen ruhigen Morgen. Weibliche Connaisseure wissen sie zu schätzen. Sie wird mehr Anhänger gewinnen, wenn elegante, weniger starke Zigarren zur Mode werden.

Gesamtbewertung
Stärke: 5 – Gleichmäßigkeit: 8 – Charakter: 7.

Lettre (Ein Brief), Anton Molnar.

Register

Kursiv gesetzte Namen sind nicht beschrieben, sondern nur im Zusammenhang mit anderen Zigarren erwähnt.

Bolívar Belicosos Finos 14
Bolívar Coronas Extra 38
Bolívar Coronas Gigantes
    Cabinet Selection 26
Bolívar Lonsdales 63
Bolívar Petit Coronas
    Cabinet Selection 77
Bolívar Royal Coronas 54
Cohiba Espléndidos 27
Cohiba Lanceros 89
Cohiba Robustos 55
Cohiba Siglo II 78
Cohiba Siglo III 67
Cohiba Siglo IV 38
Cohiba Siglo V 60
Cohiba Siglo VI 36
Cuaba Exclusivos 17
Cuaba Salomones 6
Diplomáticos N° 2 8
Diplomáticos N° 3 71
Diplomáticos N° 4 81, 84
Diplomáticos N° 5 86
El Rey del Mundo
    Cabinet Selección
    Choix Suprême 50
El Rey del Mundo Elegantes 92
El Rey del Mundo
    Gran Coronas 45
*El Rey del Mundo
    Lonsdales 65*
El Rey del Mundo
    Taínos 31
H. Upmann
    Connoisseur N° 1 49
H. Upmann Magnum 46 40
H. Upmann Monarcas 33
H. Upmann N° 2 9
H. Upmann N° 4 80
H. Upmann Petit Coronas 83
H. Upmann Sir Winston 29
H. Upmann Super Coronas 40
*Hoyo de Monterrey
    Churchills 31*
Hoyo de Monterrey
    Double Coronas 20
Hoyo de Monterrey
    Épicure N° 1 39

Hoyo de Monterrey
    Le Hoyo des Dieux 69
Hoyo de Monterrey
    Le Hoyo du Prince 79
Hoyo de Monterrey Particulares
    Limitierte Serie 18
Hoyo de Monterrey
    Petit Robustos 76
Juan López Coronas 70
Juan López Petit Coronas 78
Juan López Selección N° 1 41
Juan López Selección N° 2 56
La Gloria Cubana
    Médaille d'Or N° 1 91
La Gloria Cubana
    Médaille d'Or N° 2 61
La Gloria Cubana
    Médaille d'Or N° 3 92
La Gloria Cubana Sabrosos 68
La Gloria Cubana Taínos 28
Montecristo »A« 19
Montecristo
    Coronas Grandes 35
Montecristo Edmundos 48
*Montecristo
    Millennium 2000 57*
Montecristo N° 2 10
Montecristo Petit Edmundos 75
*Partagás 8-9-8 Cabinet Selection
    (unlackiert) 67*
*Partagás 8-9-8 Cabinet Selection
    Verni 61*
Partagás 8-9-8 Verni 62
Partagás Churchills de Luxe 28
Partagás Coronas
    Cabinet Selection 70
Partagás de Partagás N° 1 61
Partagás Lonsdales
    Cabinet Selection 64
Partagás P2 11
Partagás Lusitanias 21
Partagás Petit Coronas
    Cabinet Selection 80
Partagás Presidentes 17
Partagás Série D N° 4 57
Partagás
    Série du Connaisseur N° 1 90

Partagás Shorts 86
Por Larrañaga
    Petit Coronas
    Cabinet Selection 81
Punch Churchills 30
Punch Coronas 72
Punch Double Coronas 22
Punch Petit Coronas 82
Punch Petit Punch 87
Punch Punch-Punch 43
*Punch Punch-Punch
    de Luxe 39*
Punch Royal Selection N° 11 42
Punch Royal Selection N° 12 83
Rafael González
    Coronas Extra 44
Rafael González
    Lonsdales 65
Rafael González
    Petit Coronas 84
Rafael González
    Slenderellas 93
Ramón Allones
    Gigantes 23
Ramón Allones
    Small Club Coronas 87
Ramón Allones
    Specially Selected 58
Romeo y Julieta
    Belicosos 15
Romeo y Julieta
    Churchills 32
Romeo y Julieta
    Coronas 71
*Romeo y Julieta
    Coronas Grandes 68*
Romeo y Julieta
    Exhibición N° 4
    Cabinet Selección 51
*Romeo y Julieta
    Petit Coronas 77*
*Romeo y Julieta
    Petit Princess 88*
*Romeo y Julieta
    Prince of Wales 30*
Romeo y Julieta
    Short Churchills 59

Saint Luis Rey
    Churchills 33
Saint Luis Rey
    Double Coronas 24
*Saint Luis Rey Lonsdales
    Cabinet Selection 64*
*Saint Luis Rey
    Prominentes 22*
Saint Luis Rey Regios 52
Saint Luis Rey Série A 46
San Cristóbal de La Habana
    El Morro 34
San Cristóbal de La Habana
    El Príncipe 88
San Cristóbal de La Habana
    La Fuerza 47
San Cristóbal de La Habana
    La Punta 12
San Cristóbal de La Habana
    Murallas 7
*Sancho Panza
    Belicosos 14*
Sancho Panza
    Coronas 72
*Sancho Panza
    Coronas Gigantes 26*
Sancho Panza Molinos 66
Sancho Panza Non Plus 79
Sancho Panza Sanchos 18
Santa Damiana Torpedo 16
Trinidad Coloniales 74
Trinidad Fundadores 90
Trinidad Reyes 85
Trinidad Robustos Extra 37
Vega Fina Pirámides 16
Vega Fina Robustos 53
Vegas Robaina
    Don Alejandro 25
Vegas Robaina
    Familiares 73
Vegas Robaina
    Famosos 51
Vegas Robaina
    Únicos 13
Vegueros N° 1 89

Danksagung

Dank an meine Mutter für ihr Vorbild;
an meine Frau für ihre Geduld;
an meine Schwester für ihre Mithilfe;
und natürlich an Sévan und Taline.

Copyright © 2008, Flammarion, Paris
Die französische Originalausgabe mit dem Titel »Le Cigare – Les Meilleurs Cigares du Monde«
erschien 2008 bei Editions Flammarion, Paris.

Bibliografische Information der Deutschen Nationalbibliothek
Die Deutsche Nationalbibliothek verzeichnet diese Publikation in der Deutschen Nationalbibliografie;
detaillierte bibliografische Daten sind im Internet über http://dnb.d-nb.de abrufbar.

3., aktualisierte Auflage
ISBN 978-3-7688-2525-2
Die Rechte für die deutsche Ausgabe liegen beim Verlag Delius, Klasing & Co. KG, Bielefeld

Der Verlag macht darauf aufmerksam, dass dieses Buch bereits in zwei Auflagen
unter der ISBN 978-3-7688-1482-9 angeboten wurde.

Übersetzung und deutsche Bearbeitung: Dr. Volker Bartsch
Fotos: Matthieu Prier, außer: S. 6: DR, S. 21: Mingasson/Liaison
Printed in Malaysia 2008

Alle Rechte vorbehalten! Ohne ausdrückliche Erlaubnis des Verlages darf das Werk, auch nicht Teile daraus,
weder reproduziert, übertragen noch kopiert werden, wie z. B. manuell oder mithilfe elektronischer und mechanischer
Systeme inklusive Fotokopieren, Bandaufzeichnung und Datenspeicherung.

Delius Klasing Verlag, Siekerwall 21, D-33602 Bielefeld
Tel.: 0521/559-0, Fax: 0521/559-115
E-Mail: info@delius-klasing.de • www.delius-klasing.de

Gérard
GENÈVE

Hôtel Kempinski – 19, quai du Mont-Blanc – 1201 Genève
Tel. (00) 41 22 908 35 35, Fax (00) 41 22 908 35 30
www.gerard.ch
www.worldofgerard.com
www.privatebankofcigars.com
info@gerard.ch